獻給每一個熱愛魔法的靈魂

你們願意相信、願意尋找，也願意創造。
因為你們的存在，魔法得以在塵世流傳不息。

一匣看不見的盒子，
裝載寓言、記憶、咒語與希望。

願與你攜手同行，共赴下個十年。

寓言盒子十周年誌

跨越百年的神祕學，
寓言盒子的西方魔法寶典

魔・法・初・探

寓言盒子——著

Magic Unveiled

A Beginner's Guide to Exploring Mysticism

前言

在現代科學理性的主流思潮下，魔法成為了奇幻小說和電玩遊戲的創作題材。然而，真實的魔法技術依然以不同形式存在，並融入我們的生活。例如透過占星，人們得以從星象理解自身性格與生活挑戰；符號魔法將意圖簡化成符號以強化內在目標；塔羅牌能提供自我啟示和預測未來的工具，儀式魔法使用符號與咒語以進行精神探索；芳香療法透過精油的香氛調節情緒，促進心理平衡與放鬆。這些都是當前充斥於我們生活中的魔法。

上個世紀，許多人致力於復興魔法，透過魔法、祭典等活動凝聚共同的文化力量，並創造新生代的主體性。在後現代思潮中，我們開始思考環境中的萬物與個體的定位，探討生態中的萬物和諧與欣欣向榮如何對應個體的內在力量，並認識到內在與外在的轉化。這顯示出人們開始探索個體內在的潛能，探索對自然、宇宙及自身存在的更深層次理解與體驗。反思過去的宗教和文化霸權，並創造出具有現代意義的精神文化形式。

然而，在台灣，關於西方魔法的研究之論述主流多停留在新時代身心靈[1]和近代的威卡魔法[2]。許多著作著重於表面的形式，未

1　新時代身心靈（New Age Movement）：新時代身心靈運動是一個綜合性的運動，起源於二十世紀七〇年代，涵蓋許多精神、宗教和療癒。這些實踐強調個人的靈性發展，通常包括冥想、能量治療、水晶療法、占星術等。新時代運動的理念是個人與宇宙能量的連結，強調心靈、身體和靈魂的整合。

深入了解背後的意義與脈絡。諸如法炮製咒語、魔法書、符號、和工具的使用，忽視了其中的深層象徵和精神意涵。或是使用拉丁經文、天使名或神聖符號裝飾，但不知其意義。進一步論述或研究魔法是一項艱難的任務，魔法因其神祕性吸引大眾，其背後的困難和複雜度容易引起誤解。比如在撰寫本書時，參考的原始文獻中也充滿難以理解的語言、神祕的圖像及未解之謎。早期的魔法師有的惜字如金，力求圖像華麗，將精神性濃縮於圖像譜[3]和簡短文字中；而有些魔法書則類似旅遊傳記或個人日記。

隨著印刷技術的成熟，敏銳的出版業者在這仍未飽和的魔法市場中嗅到商機，出版了大量魔法書籍，當中也包含了迎合大眾口味的、譁眾取寵的魔法書，這使得魔法文本的研究充滿挑戰。幸而，現今已有豐富的研究成果和優秀的學術著作，我相信入門的門檻已經降低。與通俗文學、奇幻小說及新手入門的魔法書籍相比，我更希望呈現相對有依據的魔法考證，這也是現階段所整理出的成果。

---

2 近代威卡魔法（Modern Wicca）：威卡（Wicca）是一種現代異教（Neopagan），起源於二十世紀中葉，主要由英國人傑拉爾德・加德納（Gerald Gardner）推廣。威卡強調自然崇拜和多神信仰，通常包含儀式魔法、八個重要節日（ Sabbats）。

3 圖像譜（Iconologia）：即是以人物配合上特定的物品、動物或植物等象徵來表達抽象的概念，其後在文藝復興時期被集結成為「圖像譜」。

魔法涉及的範圍非常廣泛，橫跨了相當多領域，本書希望能夠將魔法與宗教、心理學、神學、新時代運動做出分界。魔法就是魔法，是一個能夠還原的技能。雖然現代不乏藉宗教學、心理學等角度來詮釋魔法的樣貌，但我們要留意這些手稿與書籍是數世紀前的文本，重新解讀必須套用不同的語境，而這正是本書最難以體現的部分，也是研究上最大的障礙。因此，我必須再次強調，魔法就是魔法，雖然可以用現行的人文社科去詮釋，但絕不等同於心理學、宗教學、人類學或政治學。

在撰寫本書時，我深感自己的不足，仍有大量未閱讀的書籍、未長期操作魔法儀式的經驗，唯恐讓研究魔法的前輩、從業者甚或一些相關領域的資深讀者們感到失望，我會盡可能地補充相關文獻，極力避免翻譯用語的不統一性及先入為主的個人想法，但仍可能會有未能觸及或整理不清楚之處。因此，本書提供的參考資料與文獻，盼望有興趣的讀者或研究者們能自行閱讀，或前往魔法發源地探尋第一手資料。若本書有幸能拋磚引玉，成為魔法研究的前哨，那將是我莫大的榮幸。

目錄

Chapter 1

魔法背後的思維

在研究魔法的初期，筆者時常無法理解魔法儀式的意義與其發展脈絡，即使明確知道具體流程且操作順利，也只是依樣畫葫蘆，儀式操作看似流暢，咒語卻停留在文字的表意，無法觸及其背後的真實意涵，更因缺乏正確的擇時知識，令儀式操作事倍功半，效果還大打折扣。

所幸在探索更多魔法文本的過程中，與多方魔法研究者交流，才免去了霧裡看花的困擾，我逐漸理解了這些儀式背後的運作原則，甚至開始體會到西方魔法的奧祕之處。在魔法儀式中，需透過個人的內在知覺和感受來進行溝通和理解，重要的是「先了解魔法背後的思維，才知道自己在做什麼」，進而運用對應的敏銳感知，產生自發性的儀式節奏感。

在儀式進行時，「內心知道自己在做什麼」的深刻表述可以理解成「內心的觸覺」，能夠感受到非物質世界的細微變化，從而與儀式的節奏同步，彷彿能感覺到每一次呼吸於奧祕之間那不可見的連結，是直觀的感受，且對儀式進行的目的和結果都有一種內在的確信。

不再只是一味地模仿，自我感覺良好，而是明確地知道每個步驟在整體儀式背後所代表的意涵，可見「魔法背後的思維」牽動著一切，時時刻刻影響著施術者是否「內心知道自己在做什麼」。

要如何開始了解魔法背後的思維，進而知道儀式中「內心知道自己在做什麼」呢 ？ 首先就來探討西方魔法的背後思維吧 ！

探究魔法的思想演變，遂能更清楚魔法的精神意義，是建立在歷史之流那真實樣貌的背後，對道德的判斷、對自然力量的詮釋，甚至是現實對命運之力的調和，同時也是戰爭勝敗、生死存亡、尋找資源，謀求生活中的各類問題的解決之道。

十九世紀前，西方的哲學、神學與科學不分家，並沒有嚴格明確的分類，重疊了心靈與生存困境交會的過去、神祇多元並存的過去、儀式系統紛亂交錯的過去，近乎可說是從蒙昧中跨足知性的過往。

奇幻故事中的魔法與現實世界的是有所差異的。現實世界的魔法深植於人類的歷史、文化，以及對未知的探索與信仰之中。自古代文明的巫者、中世紀的煉金術士，再到民間傳說中的女巫，這些真實世界的魔法師利用自然力量、草藥、以及儀式來進行治療、占卜、預言，或是施術影響人們的命運。

魔法並非異想天開的奇幻故事，它蘊含於豐富的哲學思想，並結合靈性追求之途徑。本章將探討西方魔法背後重要的哲學思想，這些思想反映了當時人們對於靈魂探索的想像，是形成魔法世界觀的基礎，同時展現出那些尋求超越物質界限以達到更高知識的途徑，並講述了所有魔法師的故事。

希望透過本章，讀者能對西方魔法背後的思維有基本的認知，並在儀式中更加明白「內心知道自己在做什麼」。

西方魔法的基本認識

為了論述影響西方魔法的重要思想，本篇將以自然哲學與神祕主義、新柏拉圖主義、卡巴拉哲學以及諾斯底思想為主要論述。這些思想或哲學流派僅代表了眾多影響因素中的一部分。本節可配合專欄「魔法大事記」（概述歷史上對魔法變革有重大影響的事件）。

自然哲學與神祕主義

古希臘時期，人們開始對自然世界和宇宙的本質進行了系統性的思考，此時的探索開啟了早期的西方哲學之門，對後世的科學與哲學有所啟發，因此，神學、神祕學、科學與哲學的關係相當密切。當時的哲學家，就現在來看其實就是魔法師了呢！

以下是四位深具影響力的自然哲學家及其理論概說：

泰勒斯（Thales）

泰勒斯提出「水」元素是所有事物的原始原理。

會有這樣的說法，是基於對自然現象的觀察，即是生命對水的普遍依賴。泰勒斯的哲學探索試圖從自然界中，尋覓單一（或真確）的原理，他嘗試用這一原理來解釋地震和其他自然現象。

赫拉克利特（Heraclitus）

赫拉克利特以其「萬物流變」（Panta Rhei）的哲學觀點聞名於世，他認為宇宙中的一切都在不斷地變化，並強調「火」作為萬物根源，火代表了一切變化。他提出了對立創生[1]的概念，認為一切事物都在互相衝突中帶來創造與變化。例如，健康與疾病是對立的，但健康的存在建立在疾病的消失上，疾病則在健康消亡時發生，健康與疾病的關係此消彼長，皆非恆常，只有變化始終不變。

恩培多克勒（Empedocles）

恩培多克勒發展了四元素說，他認為宇宙由「火」、「空氣」、「水」、「土」四種元素所構成，這些元素在「愛」（φιλότης, Philia）與「恨」（νεῖκος, Neikos）的作用下進行結合與分離。愛作為一種神聖的力量，這樣的理論，從今天看來，充滿了神祕主義的色彩，被賦予了超越自然的意義。在他的詩句和著作中，愛時常被描繪成宇宙的靈魂和本質，深具的宗教和精神意涵。以現今的觀點來看，將愛視為一種神聖力量的理論，充滿神祕主義的色彩。他的理論旨在解釋物理世界的多樣性及生死循環，突破了前人提出的單一元素理論框架，是相當有指標性的重要發展。

1　赫拉克利特理論有許多晦澀之處。他強調對立與變化，因此曾言「上升的道路和下降的道路是同一條」、「人不能兩次邁入同一條河流」。對他來說，變動是根源，變動的過程叫做 logos ，而火就是 logos 的象徵。「和諧」是大自然不斷變動的過程，意即永遠在衝突中不斷創生的自然狀態。

德謨克利特（Democritus）

德謨克利特是原子論的主要代表者，他認為宇宙是由無數個「不可分割、永恆存在的小粒子」—— 原子（atomos，意為「不可分割」）所組成。原子是實體的最基本單位，形狀、大小和重量各不相同。在空虛中運動、聚集或分離，形成了可見的物質世界。德謨克利特的原子論為後來的物理科學發展提供了理論基礎，排除了神靈創造世界的觀念，強調物質世界的物質性，自然界的自發性和規律性，皆由原子的運動和碰撞所決定，沒有偶然性或超自然干涉。

新柏拉圖主義

新柏拉圖主義的演變有以下關鍵因素，這些因素促使該哲學體系脫穎而出，成為當時的主要思想流派之一。

對柏拉圖哲學的重新詮釋

普羅提諾（Plotinus）對柏拉圖的形而上學和古希臘倫理學做出新的詮釋。

原先，柏拉圖主張有一個由理念或形式構成的非物質真實世界 —— 理型[2]，物質世界只是這些理念的模糊映射。此形而上學強調理型世界的完美和永恆，而物質世界卻總在變化且不完美。

2 柏拉圖的哲學中，「理型」（Forms 或 Ideas）是一種永恆不變、完美無瑕的抽象實體，存在於一個超越的、非物質的層面上，這個層面通常被稱為理型世界或形式世界。

普羅提諾重新實現了柏拉圖的理型理論，在此基礎上將其思想和系統化，改變了原先的二元（形式／物質）對立，他提出了「一」的概念，認為「一」是超越存在的根源，所有存在（包括理念和物質世界）都是從「一」所流出（emanation），這個過程便由「一」到「理念界」再到「靈魂界」，最後才是「物質世界」。強調萬物間的連結和統一，還添加許多宗教和神祕學元素，整合創造出一種更新穎、更為全面和系統化的形而上學體系。

宗教與哲學融合

西元三世紀起，羅馬帝國正面臨國力衰退、政治動盪和經濟萎縮的危機，人們對社會結構和傳統宗教產生懷疑，混亂不安的局勢促使當時的宗教信仰蓬勃發展，古埃及宗教[3]、密特拉教[4]以及祆教[5]

---

3 古埃及宗教是多神崇拜體系，歐西里斯（Osiris）和伊西斯（Isis）是其中著名的神祇，與死後世界和復活的概念密切相關。古埃及人深信死後生命的存在，他們認為死亡不是終結，而是一個過渡階段。為了確保死者能在來世中得到幸福和安寧，進行了一系列複雜的葬禮儀式和法術。

4 密特拉教（Mithraism）：源於波斯的祕密宗教，崇拜太陽神密特拉（Mithras），密特拉教包含有系統的儀式和等級制度，這些儀式通常在地下聖所（密特拉教神殿）中進行。這些聖所模仿洞穴，象徵著宇宙的創造和密特拉殺牛（tauroctony）的神話場景。密特拉教於羅馬的影響約持續到四世紀，基督教成為羅馬帝國的國教後便逐漸衰落。

5 祆教（Zoroastrianism）：曾經是伊朗（古稱波斯）的國教，在薩珊王朝（西元二二四－六五一年 ）期間達到鼎盛。然而，隨著伊斯蘭教在七世紀和八世紀征服波斯，祆教的影響力開始衰退。祆教的信徒崇拜至高神阿胡拉．馬茲達（Ahura Mazda），將祂視為智慧與光明的源泉，代表著終極的善與創造力。祆教強調善與惡的二元對立，認為宇宙中存在著一場不斷的鬥爭，對抗的雙方分別是代表善的阿胡拉．馬茲達和代表惡的安格拉．曼紐（Angra Mainyu）。

等各種東方宗教都在民間競逐。與此同時，斯多葛學派[6]與伊比鳩魯學派[7]等希臘哲學相當盛行，這些情形都促使帝國的宗教哲學領域產生新的變化。

對抗異教和早期基督教的挑戰

新柏拉圖主義哲學家嘗試解釋所有宗教信仰背後的共同真理，提出一種超越具體神祇的宗教理解，從而對抗異教信仰中可能帶來的宗教分裂和哲學混亂。

基督教便是在這個時期開始崛起，新柏拉圖主義在與基督教的互動中扮演了雙重角色：既是對手，也是對話者。竭力保護並強化古典哲學的傳統價值，對抗基督教可能帶來的哲學簡化和教條主義；另一方面，許多新柏拉圖主義思想家尋求與基督教神學家對話，找出哲學和神學的共同基礎，有時甚至尋求將新柏拉圖主義的概念融入基督教神學之中，如奧古斯丁[8]等基督教思想家的作品都受到新柏拉圖主義的影響。

6　斯多葛學派（Stoicism）：主張按照自然的法則生活。斯多葛學派認為宇宙是有秩序的，由理性（Logos）統治，人們應該遵循這種自然秩序和理性以達到無憂（Apatheia），即心靈的寧靜狀態。

7　伊比鳩魯學派（Epicureanism）：其宇宙觀基於原子論，認為宇宙由無數不可分割的原子和虛空組成。一切自然現象都可以透過原子的運動和組合來解釋，從而否認了宗教和迷信的解釋，並強調科學和經驗觀察的重要性。對「愉悅」的理解不是簡單的感官享樂，而是透過減少身體和心理上的痛苦來實現心靈的寧靜（Ataraxia）。

8　奧古斯丁（Aurelius Augustinus）：生於西元三五四－四三〇年，著作包括《懺悔錄》（*Confessiones*）和《上帝之城》（*De Civitate Dei*）。

神祕主義中的個人靈修

新柏拉圖主義者的冥想不僅僅是閉上眼睛靜坐，而是集中注意力，靜下心來思索宇宙和生命的本質，達到內心的平靜和智慧的提升。他們相信，冥想能幫助他們逐漸擺脫物質世界的束縛，進入內心非常平靜、專注且具有高度覺察力的狀態，並嘗試與理型界的精神層次建立聯繫。

誦讀神聖文本或哲學作品是他們靈修的另一個重要部分，透過閱讀如柏拉圖的對話錄、亞里斯多德的著作、赫密士文集（*Corpus Hermeticum*）、普羅提諾的《九章集》（*Enneads*）等典籍，能更好地理解關於宇宙的運行規律和世界神聖的本質。

在讀完這些神聖的書籍後，他們會靜下心來「默想」，反覆思考書中的內容。通過這種深入的思考，希望達到一種更高的精神覺醒，讓自己的智慧不斷提升。

普羅提諾和其他新柏拉圖主義者喜歡用對話來探討哲學和靈性問題。藉由這種過程，他們可以互相啟發，幫助彼此理解深奧的哲理，並促進他們內心的洞察和靈魂的成長。

理型精神

新柏拉圖主義的靈修不僅限於心智活動，同時也強調道德實踐和德行生活。這包括自我節制、誠實、公正以及遵循一套旨在提升靈魂的道德準則。

而「理型精神」指的是與理型界相連結的精神層次，可以理解成我們內心的一種深層智慧或直覺，我們能夠透過它直接感知到理念界的真理。

這個概念在宗教哲學裡，被認為是人類靈性成長和超越的重要途徑（尤其是基督教神祕主義和新柏拉圖主義）。理型精神在後來的西方魔法中作為普遍的思想基礎，是魔法師靈性力量和洞察力的核心，通過理型精神，可以更加理解和操縱自然界的力量。在早期的魔法儀式中，亦有不同的方式能深化理型精神：

一、**禱告：**魔法師會通過禱告與天使聯繫，祈求靈性力量的增強和指引。這樣做可以讓他們感受到更多的靈性支持和啟示。

二、**召喚行星能量：**在中世紀的魔法紀錄中，召喚行星能量是一種常見的作法。魔法師會透過特定的儀式和咒語，尋求這些能量來強化自己的魔法力量。

每顆行星在占星術和神祕主義中都有特定的能量和特質。早期只使用太陽、月亮、水星、金星、火星、木星和土星來做描述，因為在古代，人們只能用肉眼觀測到這些天體，等到望遠鏡發明後才發現了天王星、海王星和冥王星，所以三王星不在古典占星的範疇內。以下是主要行星及其代表的簡單解釋：

行星	能量特質
太陽（Sun） ☉	太陽象徵著我們的生命力和自信，是我們內在的光芒。 能量特質：生命力和自信。 代表：我們的核心、自我意識和個性。
月亮（Moon） ☽	月亮掌管我們的情緒、家庭和安全感。 能量特質：情感和直覺。 代表：我們的情感世界、潛意識和本能反應。
水星（Mercury） ☿	水星與學習、寫作和旅行相關。 能量特質：溝通和智力。 代表：我們的思維方式、交流能力和適應性。
金星（Venus） ♀	金星象徵著和諧、美麗和愉悅。 能量特質：愛和美。 代表：我們的愛情、藝術感和價值觀。
火星（Mars） ♂	火星與戰鬥精神、能量和性慾相關。 能量特質：行動和勇氣。 代表：我們的動力、決斷力和勇氣。
木星（Jupiter） ♃	木星掌管哲學、信仰和長遠目標。 能量特質：成長和幸運。 代表：我們的成長、擴展和幸運。
土星（Saturn） ♄	土星與限制、責任和時間相關。 能量特質：責任和紀律。 代表：我們的結構、自我控制和耐心。

卡巴拉哲學

卡巴拉這個詞來自於希伯來語，音譯到拉丁語系的字母時可以有不同的拼法。三種常見的拼法是 Kabbalah[9]、Qabalah[10]和Cabala[11]。

卡巴拉是古代以色列和猶太人的宗教和哲學，在西方魔法中可是有著舉足輕重的地位，許多神祕學論述都採用了卡巴拉的系統作為基本藍圖。由中世紀的戰爭與貿易活動作為宗教與人文學術的交流開端，隨後在文藝復興、翻譯運動及猶太社區與基督教神祕學研究者的影響下，卡巴拉的文獻和思想得以進入歐洲學者的視野，最終成為西方魔法和神祕學的重要拼圖，尤其當中「生命之樹」（Tree of Life）的概念，更是影響了部分西方魔法對於神祕主義的發展。

9　Kabbalah：主要用於猶太教系統。這種拼法源自希伯來語「הָלָבַּק」，意思是「接收」或「傳承」。它指的是猶太教的神祕主義，經典如：《光輝之書》（*Zohar*）、《創世之書》（*Sefer Yetzirah*）。

10　Qabalah：主要用於西方神祕學和魔法的背景下。它是在十九世紀末和二十世紀初，由一些西方神祕學者引入，以此區分猶太教卡巴拉與西方神祕學中的應用和解釋，特別是黃金黎明協會（Hermetic Order of the Golden Dawn）等團體。Qabalah可能融合不同的思想，例如古希臘哲學、神祕主義、占星術和塔羅牌等。尤其是艾利馮斯．李維（Éliphas Lévi）將神祕主義視為尋求真理的途徑——能超越傳統教義和科學限制。他認為透過深入研究宇宙的隱祕法則和宇宙真理能開啟心靈上的覺醒。融合象徵主義、神祕主義和心靈探索的思想，同時闡明了超越人類感觀的境界。

11　Cabala：主要用於基督教神祕學。基督教神祕學者認為卡巴拉可以用來加深對基督教信仰的理解，並將卡巴拉與基督教神學結合。文藝復興時期的學者皮科．米蘭多拉（Pico della Mirandola）和拉蒙．柳利（Ramon Llull）等人使用 Cabala 來解釋基督教神學。

卡巴拉的生命之樹是由十個神聖的能量（Sefirot）所組成，這些能量中心通過二十二條路徑相互連結，代表了宇宙的結構和人類靈魂的旅程，這種結構被許多西方神祕學者採用並加以發展。卡巴拉思想對西方魔法的影響還包括：

一、**符號和象徵：**卡巴拉提供了豐富的符號和象徵系統，這些符號被用於魔法儀式、占卜和冥想中。

二、**冥想和冥想技術：**對於生命之樹的冥想，被視為提升靈性覺知和達到神聖合一的重要方法。

三、**魔法理論：**西方魔法的理論基礎有部分以卡巴拉的哲學和教義為框架，這些理論涉及宇宙的運作原理、人類靈魂的結構以及與神聖力量的互動方式。

諾斯底思想

諾斯底主義的起源，可追溯到早期猶太教逐漸與基督教文化融合的環境。早期的諾斯底主義文本，如《約翰祕傳》（*Apocrypnon of John*），記述了復活的耶穌向使徒約翰揭示宇宙起源和人類本質的奧祕。

諾斯底主義的思想受到了古希臘哲學家柏拉圖（Plato）的影響，認為物質世界不是真正的世界，真正的世界是完美的理型世界。諾斯底主義認為有一位至高無上的神，與造物主不同，造物主在諾斯底文獻中常被描繪成一個有缺陷的創造者。諾斯底主義者追求一種神祕的知識，以了解宇宙的真相並解放靈魂脫離物質世界的束縛。

諾斯底魔法

諾斯底魔法學者者將魔法視為一種能使靈魂昇華的工具，並利用魔法來影響自然或操控超自然力量，以此尋求更深的宇宙理解和個人靈性的提升。諾斯底魔法[12]會使用符文、咒語和象徵物來與宇宙神祕力量溝通和交流 。諾斯底主義將宇宙看作是由一位不完全的造物主所造，神祕知識（gnosis）可以揭示這個世界背後的更高真理，並且能藉由魔法手段超脫肉體和物質的限制，接近更高的靈性世界。

12　許多研究會一併提到猶太魔法。猶太魔法的起源與猶太人對超自然力量的理解密切相關，這些力量被認為可以通過特定的咒語、符文或儀式來操控。在古代猶太文化中，魔法被視為與宗教實務密切相關的一部分，常用於保護、療癒或對抗邪惡力量。猶太魔法的特點包括使用神聖的名字和符號，這些都是試圖通過神的力量來達成魔法效果 。

小結

礙於篇幅及後續的論述脈絡，上述僅簡要地說明影響西方魔法的重要觀念，但重要的思想概念絕對不限於此，文化差異、歷史事件及地域限制等因素，使得西方魔法的思想樣貌極為豐富多元，以下再列舉一些重要的關鍵字，包含但不限於：羅馬神祕宗教（Roman Mystery Religions）、赫密士主義（Hermeticism）、基督教神祕主義（Christian Mysticism）、猶太神祕主義（Jewish Mysticism）、伊斯蘭神祕主義（Sufism）、占星術（Astrology）、煉金術（Alchemy）、薩滿（Shamanism）、東方哲學與神祕主義（Eastern Philosophy and Mysticism）、東正教神祕主義（Eastern Orthodox Mysticism）。當然在各地方更加古老的民俗魔法流派，如：古代美索不達米亞和埃及的民間信仰（Ancient Mesopotamian and Egyptian Folk Beliefs）、古希臘民間信仰和巫術（Ancient Greek Folk Beliefs and Magic）、凱爾特德魯伊教（Celtic Druidism）、北歐異教信仰（Norse Paganism）、斯拉夫民間信仰（Slavic Folk Beliefs）、阿拉伯和北非的民間魔法（Arab and North African Folk Magic）、羅馬尼亞和巴爾幹半島的民間信仰（Romanian and Balkan Folk Beliefs）、英國和愛爾蘭的民間魔法（British and Irish Folk Magic）等。

曾有人向我諮詢，表示他想學西方魔法，但完全不想學卡巴拉，因為太難理解且不感興趣，想知道是否能避開卡巴拉的部分，這當然是沒有問題的。學習魔法本就應該先從自身有興趣、有共鳴的部分著手，但若避開卡巴拉，或許會導致魔法系統的理解上有很大的一塊缺口。

早期的護符魔法、召喚魔法都涵蓋了卡巴拉的世界觀，更少不了希伯來文或閃族語系的文字內容，因此，我建議他可以朝民間魔法、占星魔法或赫密士神祕體系的方向先做探索。若要我推薦資源豐富、獲取管道便捷也又最容易上手的魔法系統，那不外乎就是新異教威卡或近代黃金黎明協會了。不過仍要留意使用這些系統時，是否涉及文化挪用。

初探魔法

前面的章節中探討了西方魔法的背後思維及其歷史發展，認識魔法的發展脈絡，會更明白學習魔法應具備的基礎觀念從何而來。接下來便要介紹學習魔法與操作魔法的基礎觀念。

學習魔法的基礎觀念

一、**開放的心態：**學習魔法需要有一顆開放的心，願意接受和探索未知領域。對新知識和新經驗始終保持好奇心和理解的意願。

二、**持續的學習：**魔法是一門博大精深的學問，知識的累積有利於我們在魔法之路上走得更遠。

三、**實際操作與反思：**除了理論的掌握，練習觀察與反思魔法操作所帶來的影響。

四、**倫理與責任：**魔法的操作意圖需要有自覺，並伴隨倫理意識和責任感。魔法師必須對自己的行為和結果負責。

操作魔法的基礎觀念

一、**意識與意圖：**無論是古代巫者的祈禱，還是現代魔法師的儀式，成功施法的關鍵，在於施法者有強烈的意圖和清晰的意識。

二、**內在知覺：**施法者可以透過內心的知覺，與非物質世界進行溝通和連結，亦即透過內在知覺，感知到不可見的層面。這涉及了更深層次的意識和超感知能力，能讓施法者準確地引導魔法的力量，並感受到宇宙的細微變化。

三、**宇宙觀與世界觀：**理解魔法需要頗具宏大的宇宙觀和世界觀。魔法師必須認識到自己與宇宙之間的連接，並理解自然力量和靈性力量的運作原理。這樣的觀念會影響到魔法的施作形式，我們將在之後的章節詳細討論世界觀對魔法形式的影響。

四、**內心知道自己在做什麼：**了解魔法背後的思維，且不停地思考，對自己而言周遭世界的象徵，以及自己的信念價值所帶來的影響。更要培養自己的意圖、行動以及對周遭環境的覺知。這種覺知可以通過以下幾種方法來培養：

1. **冥想：**冥想是一種通過專注和放鬆來提升自我覺知的方法。每天花些時間進行冥想，專注於自己的呼吸和內心，有助於清理心靈，提升對自己意圖和情感的覺察。

2. **自省：**自省是一種通過回顧過去行為、檢視思考方式及剖析自我情感，進而提升自我認識的方法。寫日記是種有效的自省方式，每天記錄自己的行為、想法和情感，並反思它們的意義和影響。同時在儀式進行的前後，花些時間靜心反思自己的意圖和感受。

3. **觀察與聯想：**觀察是全神貫注地注意環境細節以獲取訊息，而聯想則是將這些訊息與個人經驗、知識與感受相結合，產生新的理解和靈感。

有部分冥想方式會如新柏拉圖主義者一般，透過冥想來與「一」達成合一的狀態，將注意力集中於內在的光明，使自己與宇宙真理的連接視覺化。此外，以卡巴拉作為系統的冥想方式，亦能幫助魔法師理解宇宙的結構和自身的意識狀態從而提升靈性覺知。

五、儀式的一致性：儀式的一致性是魔法的關鍵，包括儀式前的準備、儀式中的專注以及儀式後的祈禱與觀望。

1. **儀式前的準備**：有些儀式操作前會強調施術者須禁慾或修持，以淨化心靈和身體，提升靈性力量。如新柏拉圖主義者強調自我節制和道德修養。通過禁慾，魔法師可以集中精力，提升精神力量，為儀式做好準備。另外在卡巴拉的魔法中，魔法師會通過祈禱和冥想來淨化心靈，並進行斷食或禁欲，以提升靈性覺知。

2. **儀式中的專注**：魔法師需要全神貫注於儀式中的每個環節，確保自己的每個步驟都意圖明確，並與相應的力量連接。

3. **儀式後的祈禱與觀望**：儀式結束後，魔法師會進行祈禱和觀望，感謝神聖力量的協助，並觀察儀式的效果。另外，也可以觀察符號和夢境，尋找神聖的啟示和指引，並記錄下自己的感受和體驗。

重要的魔法師

歷史上重要的魔法師不勝枚舉，他們的故事在簡短的篇幅內難以囊括無遺，以下所列舉的幾位，在許多文本中反覆出現，時常被提及，也是目前我認為影響較深遠的魔法師。本節將簡要介紹他們的生平、重要著作與其對魔法世界的影響。

阿格里帕・馮・內特斯海姆

阿格里帕・馮・內特斯海姆（Heinrich Cornelius Agrippa von Nettesheim，西元一四八六-一五三五年），活躍於十五世紀末至十六世紀初的德國神祕主義者、神學家、哲學家。其作品《神祕哲學三書》[13]是西方神祕主義的重要文本之一，對於現代神祕主義、塔羅牌等領域皆有深遠影響。

阿格里帕出生在德國科隆的一個貴族家庭，他們家族效忠於神聖羅馬帝國的皇帝，而這個皇帝來自奧地利的哈布斯堡家族。

他天資聰穎，擁有法學與醫學的博士學位，且遊歷過許多地

13　請見第二章「經典魔法書」的介紹。

方，見識廣闊。他曾在英國擔任主事官（Master of the Rolls），是負責管理公正認證的文件和檔案的高級法官，並為宗教法庭（Spiritual Court）服務，負責處理與宗教信仰相關的法律事務。

阿格里帕曾作為士兵跟隨皇室參與戰爭，因其不懼艱險的勇氣而被授予騎士頭銜。他非常多才多藝，不僅在神祕學和魔法上造詣深厚，在法律、醫學和軍事上的表現亦是卓絕。

圖一　阿格里帕的蝕刻版畫，愛丁堡大學收藏。

帕拉塞爾蘇斯

帕拉塞爾蘇斯（Philippus Aureolus Theophrastus Bombastus von Hohenheim，西元一四九三－一五四一年），又稱「霍恩海姆」，被奉為傳說級的魔法師。他是醫生、煉金術士、占星師和神祕主義者，也是率先將醫學和煉金術結合起來，開拓今日醫療化學的先行者。

圖二　紀念帕拉塞爾蘇斯誕辰五百週年的瑞士二十法郎硬幣。

帕拉塞爾蘇斯主張自然哲學與神祕學的知識相結合，認為病症與身體的化學失衡有關，這項理論對後來的現代醫學產生了深遠影響。他為煉金術定下一個明確的方向：煉金術的真正目的並非煉成黃金，而是要製造有益人體健康的醫藥品。

關於他真實存在的時間與個人活動都有強烈的神祕感，甚至流傳著他製造出了「人造人」且擁有「賢者之石[14]」的傳說。

約翰內斯・特里特米烏斯

特里特米烏斯（Johannes Trithemius，西元一四六二－一五一六年）的原名是 Johann Heidenberg，是知名的德國神祕學大師、神學家和作家。他於西元一四九二年成為 施蓬海姆修道院（Sponheim Abbey）的修士，隔年選任為院長，因對文獻的保存和研究有極大的熱情，修道院被發展成了重要的學術中心，也因豐富的藏書量而聲名遠播。

圖三　約翰內斯・特里特米烏斯的墳墓浮雕細節。

14　賢者之石（Philosopher's Stone）是煉金術中的一種傳說物，相傳能用來製造黃金（transmutation）或使生命不衰（Elixir of Life）。

《隱寫術》（*Steganographia*）是他著名的作品之一，於西元一四九九年成書，內容包括如何透過召喚天使來傳遞訊息，且融合了複雜的神祕符號與密碼，是部深具影響力的神祕學與符號學著作，在密碼學的發展中亦占有重要地位。由於這些內容在當時被認為與巫術和黑魔法有關聯，引發了巨大爭議，甚至一度被列入禁書名單[15]。此外，他的另一部作品《多重書寫術》（*Polygraphiae*[16]）是世界上第一本印刷版的密碼學專書。特里特米烏斯在學術界備受尊敬，他的學術貢獻不僅限於密碼學，在神祕學、占星術、神學和歷史學等多項領域皆有所涉獵，其著作和學說對後世產生了深遠的影響，是文藝復興時期相當重要的學者之一。

阿巴諾的彼得

阿巴諾的彼得（Pietro d'Abano，西元一二五七－一三一六年）是義大利的一位醫生、占星學家、哲學家和煉金術士，以研究中世紀醫學和神祕主義而聞名，被譽為文藝復興早期的先驅之一。

他在義大利帕多瓦大學（Universitas Studii Paduani）學醫，後至巴黎大學深造，並獲得了醫學和哲學學位。

15　禁書名單是由宗教或政治權威制定的清單，對那些容易引發公眾不安或擾亂社會秩序，甚至可能會威脅到官方宗教教條或政治權威的書籍進行列管。

16　Polygraphiae 一詞來自希臘語，具體來說是由「poly-」和「-graphia」兩個部分組成；「Poly-」意為「多」或「多重的」，「-graphia」意為「書寫」或「書寫的藝術」。

他曾在君士坦丁堡學習阿拉伯語和希臘語，閱讀並翻譯古代醫學和哲學著作。主要著作有《哲理調和[17]》（*Conciliator differentiarum quae inter philosophos et medicos versantur*）和《毒藥及其解毒劑[18]》（*De venenis eorumque remediis*）。

圖四　阿巴諾的彼得肖像，木刻《紐倫堡紀事報》，西元一四九三年。

由於彼得的研究和著作涉及了魔法與占星學，其思想又時常與當時的教會教義相悖，因此被指控為異端，多次遭到宗教裁判所的審判[19]。雖然他在審判中最終被判定無罪，晚年時卻仍遭受迫害，於西元一三一六年在帕多瓦去世。

17　《哲理調和》是彼得最著名的作品，旨在調和哲學和醫學之間的差異，並將阿拉伯醫學與希臘自然哲學相結合。這本書在十六世紀仍被認為是權威著作。

18　討論毒藥及其解毒劑的著作。這本書引用了大量阿拉伯醫學理論，詳細探討了各種毒物的性質、來源、症狀及其治療方法。彼得在他的書中整合了阿拉伯和希臘的醫學知識，特別是阿維森納（Avicenna）和阿威羅伊（Averroes）等阿拉伯學者的研究。阿拉伯醫學在中世紀的歐洲影響非常顯著，如阿維森納的《醫典》（*Canon of Medicine*）是當時醫學教育的重要教材，這些醫學書籍對疾病進行了詳細分類和分析，並將觀察到的疾病症狀和治療效果做出系統性的整理和記錄。

馬沙阿拉・伊本・阿塔里

圖五　馬沙阿拉・伊本・阿塔里凝視天空，出自十五世紀手稿 BnF Latin 7432。

馬沙阿拉・伊本・阿塔里（Māshā'allāh ibn Atharī，西元七四〇－八一五年）是一位著名的阿拉伯占星學家，曾定居巴格達，生活在阿拔斯王朝時期的伊斯蘭黃金時代。他在天文學占星術領域的成就斐然[20]，其著作通過翻譯傳播到歐洲地區，是中世紀歐洲的占星術和天文學發展上重要的推力。

他認為天上的每顆行星都可以透過其位置和運動，對地上的人類與事物產生影響，並撰寫《馬沙拉的七行星之戒之書》（*The Book of the Seven Rings of the Planets of Messalah*）一書，來探討七大行星的象徵意義及其對應的力量、元素、占星術符號與它們對日常生活的影響。書中詳細描述了如何利用行星的力量來進行儀式以達到特定目的，包含製作符咒、護身符和魔法圈等。

19　彼得多次遭到宗教裁判所的審判。第一次審判雖被判無罪，但在第二次審判尚未結束前便逝世，他的遺體被朋友祕密轉移，以避免被挖出焚燒，宗教裁判所只能公開宣布判決結果並燒毀他的畫像。

20　馬沙阿拉成功地將希臘、波斯與印度的天文學和占星術知識融合在一起，創造出一套完整且有系統的占星術理論。

傳說中的魔法師

梅林（Merlin）

亞瑟王傳說裡的巫師，他預言了亞瑟王的命運，並使用魔法建造出巨石陣，協助圓桌騎士團。其形象深深根植於西方文化的神祕主義和民間傳說，如蒙茅斯的傑佛瑞（Geoffrey of Monmouth）的《不列顛諸王史》（*Historia Regum Britanniae*）和羅伯特・德・波隆（Robert de Boron）的史詩《梅林》。

普羅斯彼羅（Prospero）

出自莎士比亞的戲劇《暴風雨》（*The Tempest*），能使用魔法引起暴風雨，使敵人遭遇船難。

瑟西（Circe）

原文名為「Κίρκη」，出自詩人荷馬所作的希臘神話史詩《奧德賽》（Ὀδύσσεια），以其強大的魔法和藥草知識聞名。

美狄亞（Medea）

出自希臘神話《阿爾戈英雄記》（Αργοναύται）和尤里比底斯（Euripides）的悲劇《美狄亞》（*Medea*），原文名為「Μήδεια」。

美狄亞是科爾喀斯國王埃厄忒斯（Aeëtes）和海洋女神伊底亞（Idyia）的女兒，也是太陽神海利歐斯（Helios）的後代。她也是著名女巫瑟西的姪女，擁有強大的魔法和預言能力。

莉安諾（Liannon）

出自凱爾特神話中的威爾斯神話《馬比諾吉昂》（*The Mabinogion*），代表精靈和魔法，擁有預知未來和治療的能力。

西方近代魔法之重要組織或流派

魔法在近幾年來的發展進程上，深受幾個特色鮮明的重要流派或系統所影響。

一、黃金黎明協會（Hermetic Order of the Golden Dawn）

西元一八八八年在英國成立，黃金黎明協會深受赫密士主義的影響，成員不僅有亞瑟・愛德華・偉特和詩人威廉・巴特勒・葉慈（William Butler Yeats），還包括其他影響西方神祕學的知名人士，是十九世紀最具影響力的神祕主義團體之一。會內傳授系統化的西方神祕傳統知識，包括卡巴拉、塔羅、占星學、煉金術和儀式魔法。黃金黎明協會的儀式結構系統對後世的魔法社團影響深遠。

推薦書籍

1. *The Golden Dawn: The Original Account of the Teachings, Rites, and Ceremonies of the Hermetic Order*, 2015, Israel Regardie and John Michael Greer.
2. *The Magical Philosophy: A Study in the Hermetic Tradition*, 1974，Denning & Phillips.
3. *The Essential Golden Dawn: An Introduction to High

Magic, 2003, Chic Cicero & Sandra Tabatha Cicero.

4.《儀式魔法套書》，2022，邱俊銘、羅亞琪、邱鈺萱譯。

二、泰勒瑪（Thelema）

由阿萊斯特．克勞利在二十世紀初創立，受黃金黎明協會的啟發，融合了赫密士主義、卡巴拉、塔羅與占星學，具有獨特的宇宙觀。一九〇四年克勞利在埃及開羅撰寫了《法之書》（*The Book of the Law*），書中的「做汝所欲，乃為律法」（Do what thou wilt shall be the whole of the Law）是該流派最重要的核心信條，強調個體的真實意志（True Will）。克勞利與泰勒瑪系統對二十世紀的神祕學和儀式魔法影響深遠，是現代魔法的重要流派之一。

推薦書籍

1. *Aleister Crowley and the Temptation of Politics,* 2014, Marco Pasi.
2. *The Magick of Aleister Crowley: A Handbook of the Rituals of Thelema,* 1993, Lon Milo DuQuette.
3. *The Book of the Law (Liber AL vel Legis),* 1904, Aleister Crowley.
4. *777 and Other Qabalistic Writings of Aleister Crowley,* 1955, Aleister Crowley.
5. *The Equinox,* 1909–1913（原版共10卷）, Aleister Crowley.

三、威卡（Wicca）

二十世紀，由英國巫師傑拉德・加德納推動的現代異教傳統，融合了古代歐洲的巫術傳統，崇尚自然與泛靈信仰，提倡「傷人勿作」（Harm none）的倫理觀，被視為新興異教（Neo-Paganism）的一部分。威卡儀式圍繞著象徵季節轉換與自然週期循環的「八大節慶」（八節輪）進行，強調靈性自我發展，是目前全球流行的異教信仰之一。

推薦書籍：

1. *The Meaning of Witchcraft*, 1959, Gerald Gardner.
2. *Living Wicca: A Further Guide for the Solitary Practitioner*, 1993, Scott Cunningham.
3. *A Witches' Bible: The Complete Witches' Handbook*, 1981, Janet Farrar & Stewart Farrar.
4. *The Triumph of the Moon: A History of Modern Pagan Witchcraft*, 1999, Ronald Hutton.
5.《大地魔法：取之自然的實用威卡魔法》，2022，林惠敏譯。
6.《史考特・康寧罕的元素魔法：向風、火、水、地四元素借力》，2022，林惠敏譯。
7.《神聖魔法核心修練：神祕學大師喚醒自然能量的威卡經典》，2024，張家瑞譯。
8.《巴克蘭巫術全書（25週年經典紀念版）》，2024，邱俊銘譯。

四、胡督魔法（Hoodoo）

發源於美國南部地區，主要流傳於非洲裔美國人社群，融合了西非、歐洲、美洲原住民及加勒比地區的信仰。以生活日用品（如草藥、油、粉末等）為媒介的實用魔法，用於治療、保護、招財與愛情。這種民俗魔法的根基與生活息息相關，並不需要特定的儀式結構。

推薦書籍：

1. *Black Magic: Religion and the African American Conjuring Tradition*, 2003, Yvonne P. Chireau.
2. *Sticks, Stones, Roots & Bones: Hoodoo, Mojo & Conjuring with Herbs*, 2004, Stephanie Rose Bird.
3. *The Art of Hoodoo Candle Magic in Rootwork, Conjure, and Spiritual Church Services*, 2013, Catherine Yronwode.

五、渾沌魔法（Chaos Magic）

由彼得・卡羅爾（Peter J. Carroll）和雷・雪文（Ray Sherwin）在二十世紀七〇年代末推動，旨在突破傳統魔法框架，不拘泥於固定的儀式，強調象徵的靈活性。認為魔法的效果來自信念的操控，且能依據個人的需求調整。這種主張自由探索和創意實驗的流派成為近代魔法的一股新勢力，尤其適合掌握多元文化知識系統的現代神祕學研究者。

推薦書籍

1. *Liber Null & Psychonaut*, 1987, Peter J. Carroll.
2. *Prime Chaos: Adventures in Chaos Magic*, 1993, Phil Hine.
3. *The Psychonaut Field Manual: A Comic Grimoire*, 2016, Bluefluke.
4. *Hands-On Chaos Magic: Reality Manipulation through the Ovayki Current*, 2009, Andrieh Vitimus.

六、新時代靈性（New Age Transformation）

起源於二十世紀下半葉，是一種融合了各種宗教、哲學、心靈治療和科學的思想體系。非常多元和個人化，可能包括冥想、能量治療、占星術、靈魂重生等多種論述。它不一定有固定的信仰體系或儀式結構，著重於個人靈性探索和成長和、自我實現以及連接宇宙能量與之達成和諧的追求。坊間有各種工作坊、研討會和靈性小組，但缺乏統一的組織結構。

推薦書籍

1. *New Age Religion and Western Culture: Esotericism in the Mirror of Secular Thought*, 1996, Wouter J. Hanegraaff.
2. *The Seven Spiritual Laws of Success: A Pocketbook Guide to Fulfilling Your Dreams (One Hour of Wisdom)*, 1994, Deepak Chopra.

3. *The Law of Attraction: The Basics of the Teachings of Abraham*, 2006, Esther and Jerry Hicks.

4.《脈輪全書》(*原文是 Wheels of Life: A User's Guide to the Chakra System*)，2024（新版），林熒譯。

5.《新時代靈性場域研究台灣身心靈工作者的探索》，2018，洪梓源。

6.《被消音的女神：「抹大拉的馬利亞」與「愛慾、祕密知識女神」》，2023，周莉萍譯。

7.《夜行的鳥（二版）》*: 喜馬拉雅傳承的14堂瑜伽禪修課*，2024，石宏，黃涵音，蕭斐等人譯。

神祕的魔法符號

看不懂魔法書很正常，書中藏有很多符號或祕語，因此我們需要小抄對照字母或號碼。本節將介紹魔法符號的由來。

魔法符號的設計往往是為了使能量更聚斂，並增強儀式的神祕性和效果。學習魔法並不困難，但這些符號有其複雜性，需花些時間和耐心，我們通常需要對照表格來理解。

常見的魔法符號列表

渡河字母（Transitus Fluvii）

源於阿格里帕的《神祕哲學三書》，在拉丁語中意為「渡過河流」，主要用於靈體召喚和通靈等神祕儀式中。其名稱可能參考了猶太人在巴比倫之囚後返回耶路撒冷重建聖殿時，渡過幼發拉底河的歷史事件。這套字母系統被視為一種密碼或祕密語言，能保持儀式咒文的神祕性和安全性。

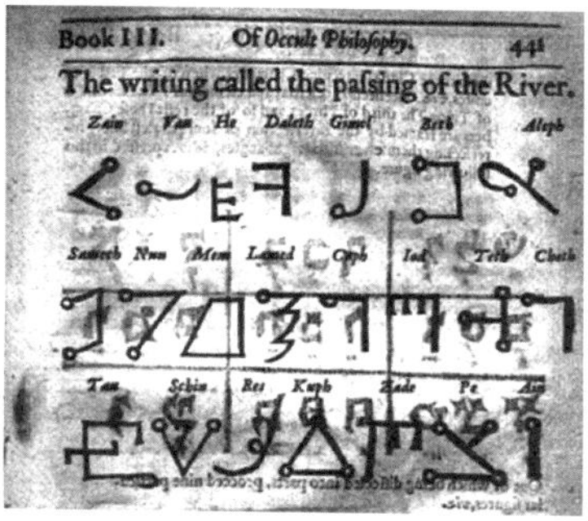

圖六　西元一六五一年英文版《神祕哲學》中的渡河文字。

馬拉奇字母（Malachim Alphabet）

源自希伯來語「מַלְאָךְ」（Mal’ ach），意思是「天使」或「使者」，在神祕學中常見於天使魔法，以及和天使相關的符文和咒語。其主要目的是增強與高階靈體的溝通，特別是在創作天使護符時能展現對天使的尊敬。

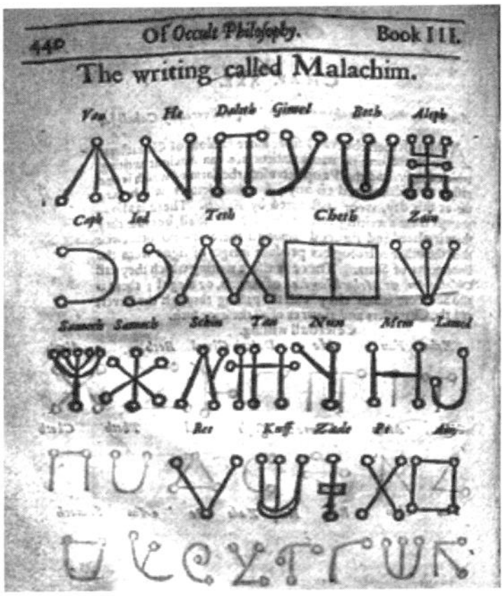

圖七　西元一六五一年英文版《神祕哲學》中的馬拉奇字母。

西普里安字母（Cyprian's Alphabet）

西普里安字母系統與傳說中的大魔法師聖西普里安（Saint Cyprian）有關。聖西普里安是三世紀的一位基督教主教，民間傳說他在皈依基督教之前是一位魔法師[21]。西普里安字母是一系列魔法符文[22]，提供特別的保護力量，尤其常見於辟邪或治療儀式，因此這些字母的形式和結構成為編寫魔法文本和製作護身符的重要參照。可見於《地獄鑰匙[23]》的字母表，考究其來源，這套字母的靈感或許來自於羅馬時期的提洛

21　這些民間傳說並未被正統基督教會承認。

22　聖西普里安並沒有公認的、實質性的字母系統，這類說法多來自後世民間故事的發展。最有名的就是西普里安魔法書與《地獄鑰匙》（*Clavis Inferni*）之關聯，融合了大量民間魔法。

尼亞速記（Notae Tironianae），這個符號系統是古羅馬時期的速記系統，由西塞羅（Marcus Tullius Cicero）的祕書提羅（Marcus Tullius Tiro）所創。特里特米烏斯的《多重書寫術》(*Polygraphia*) 中也提到了提洛尼亞筆記，並且將其與密碼學與隱寫術結合。

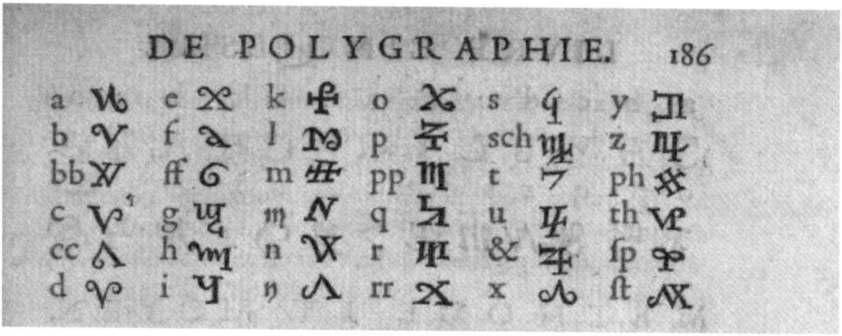

圖八 特里特米烏斯《多重書寫術》的西普里安字母。

23 十六世紀所著的手稿資料。被視為黑魔法文獻的一部分，內容涉及召喚惡魔、召喚儀式以及相關的魔法符號。

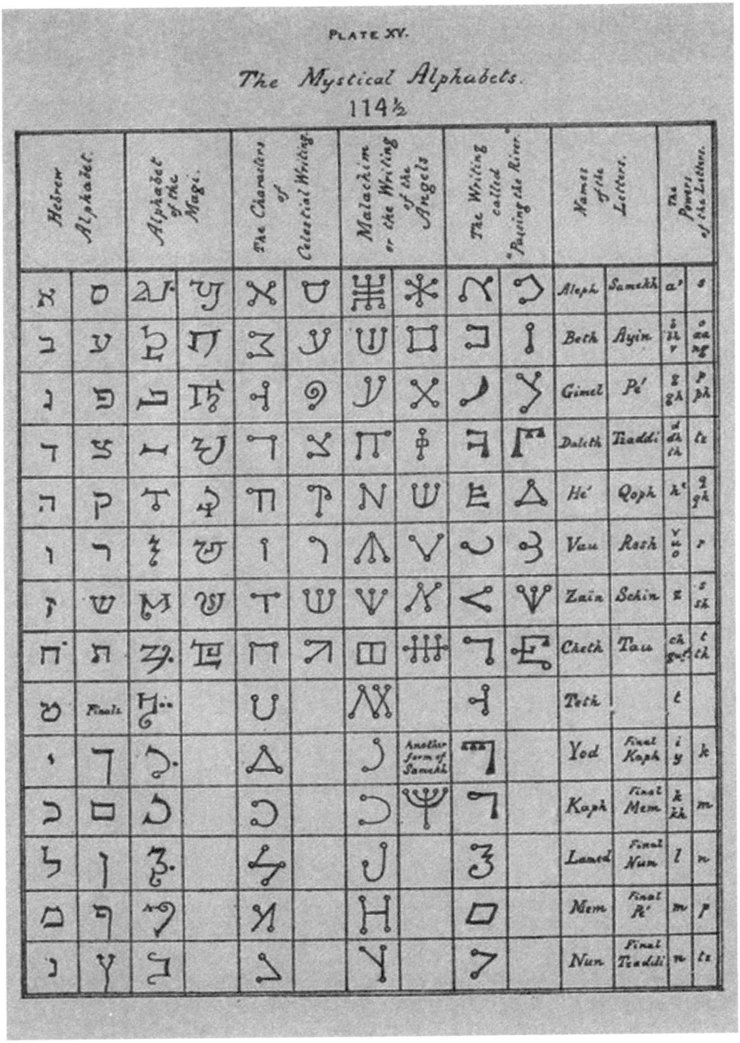

圖九 《所羅門的大鑰匙》的神祕學符號對照表。

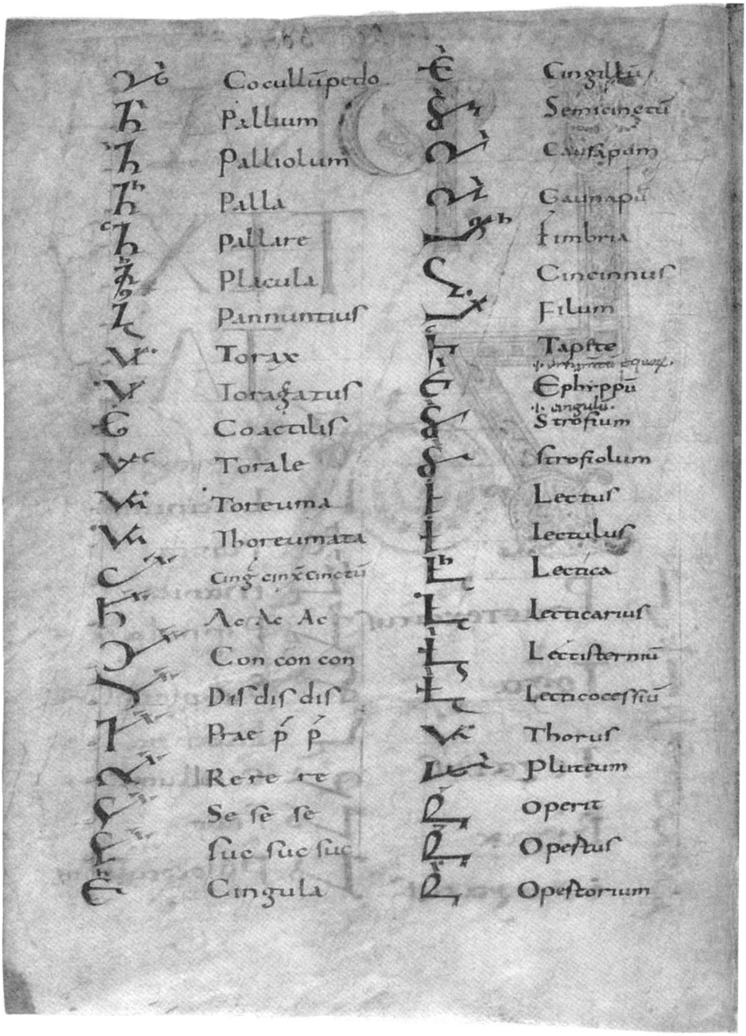

圖十　《提洛尼亞速記注釋集》。

魔法大事記

歷史上影響西方魔法的關鍵階段[24]

亞歷山大圖書館的燒毀（前四十八年）

古代世界最大的知識中心之一，收藏了無數的書籍和手稿，包括大量的魔法和神祕學文獻。這一事件導致了許多古代知識的遺失。

新柏拉圖主義的興起（三－六世紀）

融合柏拉圖的思想與神祕主義的一種哲學流派。對魔法和神祕學有深遠影響。阿普列烏斯（Lucius Apuleius）和普羅提諾（Plotinus）等新柏拉圖主義者將魔法與神祕體驗視為一種追求神聖智慧的方法。

拜占庭帝國的知識保護與傳播（六－十二世紀）

拜占庭帝國期間，許多古代希臘和羅馬的知識被保存下來，並在中世紀晚期重新被引入歐洲。

伊斯蘭黃金時代（八－十三世紀）

伊斯蘭黃金時代期間，伊斯蘭學者在醫學、天文學、數學和神祕學方面取得了重要成就。這些知識透過翻譯運動傳入歐洲，對歐洲中世紀的科學和魔法研究產生了深遠的影響。

十字軍東征（十一－十三世紀）

十字軍東征期間，東西方文化進行了大量交流，許多東方的神祕學和魔法知識被帶回歐洲。

---

24 本專欄參照《劍橋西方魔法與巫術史》（*The Cambridge History of Magic and Witchcraft in the West, David.J Collins,S.J.,2015*）及《魔法書史：祕典的演變與傳奇》（*Grimoires: A History of Magic Books, Owen Davies,2010*）。

文本翻譯階段（十二－十三世紀）

戰爭導致羅馬帝國的擴張與殞落，許多文獻輾轉成為伊斯蘭文化的研究題材，包含醫術與占星的文本皆被譯為阿拉伯文。在紛亂的時局結束後，有幸留存的譯作因這波研究風潮，再被翻譯成拉丁文。這時期有大量星相魔法的知識，透過西班牙和拜占庭等地傳入西方。

黑死病（十四世紀）

橫掃歐洲的瘟疫，造成大量人口死亡。這段期間，對於魔法和巫術的需求和恐懼都急劇增加。

印刷術的發明（十五世紀）

大量魔法書籍得以印刷並廣泛流傳，促進了魔法知識的傳播和普及。魔法知識不再被神職人員和貴族階級壟斷。

魔法手冊（Grimoire）衍生階段（十五－十六世紀）

記錄了魔法儀式、咒語和召喚技術的手冊，對後續的西方神祕學說產生了深遠影響。這些魔法指南反映當時的社會文化背景和信仰，記錄人類透過超自然力量解釋自然現象、治療疾病和尋求精神慰藉的方式。

宗教改革（十六世紀）

魔法和巫術讓宗教衝突白熱化，魔法師常被指控為異端，許多神祕學文獻被毀，歐洲巫術審判達到高峰。宗教改革改變了宗教版圖，還影響了民俗療法與魔法。

女巫獵殺（十六－十七世紀）

宗教改革後，數以千計的女性及部分男性被指控施行巫術並遭到審判和處死。

啟蒙運動
（十八世紀）

啟蒙運動將魔法視為非理性和迷信。科學和理性主義的崛起，從而對傳統魔法知識產生質疑和排斥，將魔法視為非理性和迷信，然而，這也引發了重新探索古代神祕學之風潮。

近現代魔法發展
（十九世紀末至二十世紀初）

現代神祕主義和新異教運動的興起，試圖重新詮釋和復興古代魔法，並融合現代心理學和哲學思想，如黃金黎明協會和威卡新異教等。

Chapter

2

魔法文本的探索

本書第一章談論過，影響魔法的重要思想包含自然哲學與神祕主義、新柏拉圖主義、卡巴拉哲學以及諾斯底思想，受到這些思想影響下所撰寫出來的文本是我們學習魔法最直接的載體，這些本文就是魔法書。想深入學習西方魔法絕對繞不開閱讀魔法書這個步驟，不過魔法書有那麼多本，要從哪本開始，又該怎麼挑選呢 ？

學習魔法前，可以先幫西方魔法做個分類。

西方魔法的常見類型

在歐洲和地中海沿岸的魔法主要分為兩大類：「星象或天體魔法」和「召喚魔法」。這樣的劃分，並不是源自單一文本，而是參考了現代學者史蒂芬．斯金納（Stephen Skinner）在研究中世紀魔法和巫術時所做的質性研究類別概括。本章所做的分類主要基於對中世紀歐洲魔法文本的整理和分析，且涵蓋了中世紀時期拉丁文和阿拉伯文的學術交匯。但必須留意的是，分類能讓我們迅速理解魔法的性質，同時也簡化了魔法的多樣性。

星象或天體魔法

這類魔法主要透過翻譯運動擴展進入阿拉伯，並又隨著中世紀魔法書《賢者之目的》(*Picatrix*)的翻譯進入歐洲。主要涉及占星擇日術，即根據星體的運行來選擇最合適的時機進行儀式。

召喚魔法

這類魔法起源於希臘，經由拜占庭帝國傳入西歐地區，尤其是當時以天主教為主的文化圈，如義大利和法國等地。包含召喚天使、惡魔和靈體，以及控制祂們完成特定的所羅門魔法。

隨著西元一四五三年[1]君士坦丁堡的陷落，流亡的學者將《所羅門的魔法論》(*The Magic of Solomon*)和《水占術》(*Hygromanteia*)等魔法書帶入歐洲，這些書籍後來被翻譯成拉丁文和義大利文，其中最著名的作品便是《所羅門的大鑰匙》(*Clavicula Salomonis*)。

這兩類魔法的類型會怎麼運用呢？簡單來說，星象或天體魔法便是涉及到擇時、搭配行星力量達成願望的魔法；而召喚魔法則會搭配靈體的召喚，協助魔法師達成願望。

當然也有例外，好比《諾托利亞祈禱書》(*Ars Notoria*，第70頁)就是專為修士、學者編纂的禱告魔法。

---

1 同時間，來自埃及的神祕學知識也通過希臘和拜占庭帝國進一步傳入西歐。

魔法文本的探索

魔法書不僅是知識的來源，更是連接歷史、文化和個人操作的重要參照，初學者不僅能從中學習到傳統的魔法知識、理解魔法的概念，還能探索並開創屬於自己的魔法途徑。以下為不同時期魔法書的特色，包含早期（十四到十八世紀）及近代（十八世紀之後）的魔法書。

西方魔法操作成功的關鍵——早期與近代之比較

一、早期魔法（十四世紀－十七世紀）

早期魔法具有結構嚴謹的知識體系，涵蓋了天文學、占星學、草藥學、數學等學科的知識，更側重於儀式、符號、神聖力量等。文藝復興魔法提供了方法論的典範，學習者能從中汲取系統思維的訓練，而不僅是靈性啟發。文藝復興魔法是現代西方魔法的基礎，許多如卡巴拉、占星學、塔羅牌等現代魔法體系都直接或間接源於此時期，追溯其根源能更精確地理解這些學科的原始理論和精髓，從而在應用時更得心應手。

二、近代魔法（十八世紀至二十世紀初）

繼啟蒙運動和工業革命後，十九世紀浪漫主義復興，神智學會帶領著諸多學者從科學領域重回神祕學的懷抱，占星學、魔法儀式、卡巴拉、煉金術和各種神祕學符號，皆在這波融合了東西方靈性的新創思潮下被重新詮釋。黃金黎明協會等神祕學團體開始將早期魔法與卡巴拉系統結合。阿萊斯特・克勞利（Aleister Crowley）與荻恩・佛瓊（Dion Fortune）等人建立了現代魔法的儀式典範，更加強調個人靈性成長。

三、現代魔法（二十世紀後半葉）

現代魔法受新時代靈性思潮的影響，開始偏向心理學、個人靈性成長、能量觀念和自我探索的趨勢發展，種種差異體現了文化、信仰體系和社會價值觀的變遷。反映了從外部超自然力量的信仰，逐步轉向對個人內在力量和自我實現的重視。尤其是心理學的普及，影響了人們對「內在力量」的詮釋，魔法中的象徵和意圖也被心理學重新解釋為心靈狀態、潛意識等。這讓魔法操作更具心理暗示的意涵，近代魔法可以不再指涉與神聖或超自然力量的連結，而是被視為自我療癒和情感平衡的途徑或工具。

在後現代主義思潮的推波助瀾下，社會開始質疑單一的權威敘事，過往魔法系統中的象徵意義也被重新解構。在全球化的交互影響下，魔法元素打破了文化壁壘，如瑜伽、占星學、能量療法等，皆融合了不同地區的靈性視野，有著更為多元包容的視角，同時也強調個人在當下的語境中如何重新詮釋這些象徵。此外，隨著世俗化、消費主義、新時代靈性運動的影響，現代魔法主張人類可以透過內在的意圖和靈性修持來掌控自身命運。這樣的現象可以視為對傳統宗教和科學的「替代需求」，尤其是在面臨更多不確定性、資訊爆炸和快節奏生活壓力的情境下，轉向一種更為靈活、無教條的靈性實踐，使魔法被重新詮釋成符合個人化需求的工具。時至今日，魔法也日益商品化，魔法書籍、儀式道具、靈性課程等商業產品不斷推陳出新，逐漸成為滿足消費主義下當代人心理需求、自我實現、追求靈性成長的一種生活方式。

早期為培養魔法師的耐心、專注力和意志力，魔法儀式的步驟多半被設計得繁瑣且複雜。雖說現代靈性實踐和新時代魔法相對更簡單且個人化，但若完全倚賴新時代的靈性觀念，可能會逐漸失去對魔法的理性批判力。學習早期的西方魔法在當今時代仍具有其獨特的益處和必要性，其深度與結構性，依然為當代學習者提供了豐富的知識和靈性啟發。在這樣的變遷中，魔法的本質或許有所轉變，但其核心 —— 滿足個體的靈性需求 —— 未曾消失過。

許多魔法師與神祕學研究者會嘗試結合傳統與現代的魔法，有些人選擇保留傳統儀式結構，加入個人化元素；也有人結合理性與直觀的象徵系統，積極尋找魔法要素的替代方案，採用現代科學理解來解釋自然元素；或有人重新詮釋儀式中的神聖名稱與咒語，以冥想輔助傳統咒語和祈禱儀式。這些魔法創新和改造的基礎在於對文化底蘊與早期魔法脈絡的深入理解，學習魔法廣博的知識系統，有助於施術者辨識哪些元素適合現代化調整，哪些則需謹慎保留，以避免失去其原始的神聖性和力量。

當我們了解魔法的演變過程及歷史，尊重並理解這些古老的智慧，才能掌握其核心價值與根本精神，知道「我們所操作的魔法從何演變而來」賦予了儀式意義，而非流於表面化的形式操作。現代魔法不再只是靈性的探索工具，更是一種文化的延續與傳承，每一次施法都是對古代智慧的致敬與延伸，也能讓現代魔法實踐者在承襲傳統力量的同時，為個人實踐注入真實的靈性深度。

魔法對生活來說，是一段不斷探索世界的旅程。我們也能持續思考，魔法之於自身生活的意義，反覆地探索自己，是否渴求魔法知識，為何學習魔法 ？ 魔法不僅是一套知識系統，也是隱祕真理的象徵，學習魔法就像在學習一門符號和儀式語言，能深化自身精神的豐富度，連結個體與魔法相關文化背景的紐帶，協助人們應對內在的渴望和不安，更加從容地處理生活中的無常和不確定性。

早期與近代魔法書的主要特色

早期魔法書基於古代宗教、占星術、煉金術以及中世紀神祕學，通常與早期希臘羅馬之宗教和中世紀的世界觀密切相關。這些書籍往往受到基督教教義的影響，但也保留了許多異教徒和古代信仰的元素。

在十八世紀的啟蒙運動和工業革命背景下，誕生出近代魔法，神祕學和魔法也深受新興的科學方法與理性主義所影響。因此近代魔法書開始融合科學、心理學和社會變革的思想，形成了新的神祕主義流派。

西方早期與近代魔法關鍵變革之比較

範疇	早期魔法 （十四－十八世紀）	近代魔法 （十八世紀之後）
歷史背景	基督教神學與中世紀神祕學主導，魔法常與宗教儀式相結合。	啟蒙運動和工業革命讓科學方法融入神祕學，催生浪漫主義對情感與超自然的興趣。
主要影響因素	基督教神學、古典哲學（如新柏拉圖主義）、中世紀神祕學（占星術、煉金術等等）。	啟蒙運動強調理性與科學；心理學提倡心靈力量；社會變革帶來的神祕主義和個人修行盛行。
魔法書特點	神祕而繁複，使用拉丁文，符號密集，內容多為祕傳。	結合科學知識與心理學，文字通俗易懂，結構清晰，公開出版面向大眾。
主要主題	煉金術（貴金屬轉化）、占星術（天體預測）、召喚術（與天使或與靈體交流）。	心理魔法（探索潛意識與自我實現）、新神祕主義（靈性成長）。
書寫風格	使用正式且複雜的文字，大量符號與象徵，需專業訓練才能解讀。	使用現代語言，直白易懂，包含理論闡述與操作指南，普及性更強。
功能與目標	強調與神靈或宇宙力量的聯繫，用於保護、治療或預測未來，多作為宗教儀式的一部分。	強調個人修行與心理成長，並融合科學與靈性，探索內在潛力與新的生活方式。

早期魔法書與人文主義的關聯

人文主義（Humanism）起源於歐洲的文藝復興時期，反對當時具有高度權威性的基督教教會在神學概念上將人類工具化，力求從神本位（Theocentrism）轉向人本位（Anthropocentrism）的思想革新。

中世紀的基督教教會以極大的權威主導並控制了西歐的文化與知識傳播。教會宣教中強調人類的命運完全由神所決定，人類只是展現神意志的工具。人文主義者則主張人類應該從自身內部尋找價值和意義，強調人的理性、尊嚴和潛力，試圖擺脫教廷對信仰和知識的箝制，推動非宗教的、更加貼近世俗價值觀的古典學問研究。這不僅僅是在文化上回歸古典（古希臘與古羅馬的文化、哲學、文學和藝術），更是思想上的革命，體現對個人價值的重視和現實生活的關注。代表人物如佩脫拉克（Francesco Petrarca）和薄伽丘（Giovanni Boccaccio）等早期人文主義者，他們批評中世紀學術的僵化和教條化，倡導對古代經典的個人解讀和批判性思考。

人文主義重視人的價值，也影響了當時的魔法書寫作，例如阿格里帕的著作《神祕哲學三書》不僅探討了占星術、煉金術和天使學等魔法主題，同時強調人類心靈的力量和個人修行的重要性，試圖從神權的霸權回歸到人的主體性，呼應人文主義的思想。

魔法古籍的辭源分析

魔法古籍（Grimoires）[2]一詞原指用拉丁文寫成的文稿或書籍，內容包含了當時的神祕主義知識，如天文學、占星術、煉金術和其他祕法知識，在不同地區和時期，有不同的內容和形式，但都是進行魔法操作的指引工具[3]，是學者和神祕主義者的寶貴資源。

魔法古籍並非特指某幾本書，一般而言，凡是記載法術、儀式、法器的準備、材料和魔法對應關係的書籍，都算是魔法古籍，就像是魔法師的字典、操作手冊，內容多半是魔法儀式流程的紀錄。例如，如何通過正確的咒語召喚特定的惡魔、焚香祈禱、關於具體時間的資訊以召喚出惡魔，都詳細記錄在魔法古籍中。有些魔法古籍從十三世紀便開始流入西歐，十五世紀前大多為手抄本，但隨著印刷技術的發展，印刷版的魔法古籍開始流通普及，如著名的《所羅門的小鑰匙》，其版本眾多也最為普及，是魔法古籍的經典代表。十八世紀開始，魔法古籍一詞在法國被普遍使用，指艱澀難懂的文字。

到十九世紀後，英國人對神祕主義的興趣與日俱增，魔法古籍的創作量達到顛峰，魔法古籍便逐漸成為包含咒語、儀式、符號和

---

2 以往台灣出版的翻譯書籍中，習慣延用日文翻譯其稱為魔導書，而在中國則習慣稱為魔典。在本書裡，筆者傾向使用更通俗且廣義的說法，稱之為「魔法古籍」。

3 Dr. Stephen Skinner, *Techiques of Solomonic Magic, 2021*.

魔法知識的英譯本，是魔法師用來進行儀式召喚和喚靈的手冊。

召喚魔法是需要使用魔法古籍來挑選魔法類型，尤其是召喚的時間、地點、道具以及方法等資訊，特別需要指引與參照，因此把魔法古籍當成魔法的參考書也不為過呢 ！

魔法書隨著文化與地區有所差異

多數魔法書的內容在戰爭與商業交流背景下，受到希臘／埃及文化，猶太／阿拉伯魔法以及基督教神學影響。下面列舉各國魔法書之差異性。

英國：英國巫術多半是帶有異教與民間傳說的延伸版本。如英國文豪莎士比亞（*William Shakespeare*）《仲夏夜之夢》（*A Midsummer Night's Dream*）中常被神祕傳誦的精靈之王：奧伯隆（*Oberon*），具有強大的力量和龐大的財富，可協助人們實現隱身、醫學和自然魔法的目標。除了劇作和詩歌中的奧伯隆外，十六世紀手稿中還有關於奧伯隆的魔法書寫，其中提供了呼喚精靈的儀式和能力描述。

美國：美國民間巫術多半承襲英國和德國的魔法書。

荷蘭：《奧祕之書》（*Sefer HaRazim*）的內容包含天使學、神聖名稱和魔法儀式，其編纂時間可追溯到西元三至六世紀，屬於古典時期晚期（Late Antiquity）的猶太文學作品。《詩篇》（*Tehillim*，תהילים）是一部詩集，包含一百五十篇詩歌，用於祈禱、禮拜或靈性默想的經文，而《詩篇的使用》（*Sepher Shimmush Tehillim*）是一本關於如何用詩篇進行魔法儀式的指導手冊，可追溯到十三至十六世紀的歐洲猶太文化，尤其常見於民間魔法與祈禱。這種猶太教神祕主義類型的詩篇，在荷蘭語系的魔法中深具影響力。

法國：法國的魔法文本在歐洲及其他地區（特別是加勒比海區域）影響深遠，如《大阿爾伯特》(*Albertus Magnus*)、《小阿爾伯特》(*Petite Albert*)、《黑母雞》(*The Black Pullett*)、《紅龍》(*Red Dragon*)、《何諾流斯受誓書》(*The sworn book of Honorius*)、《所羅門的大鑰匙》和《教宗里奧全書》。這些作品常被引用。《小阿爾伯特》是法國十八世紀的著名魔法書，與許多歐洲魔法書一樣，它的內容涵蓋了草藥、護身符、符咒以及各種民間魔法的知識。這本書的內容來源包括了前期許多其他魔法書，如《所羅門的大鑰匙》和《摩西六七書》（*The Sixth and Seventh Books of Moses*）[4]。此外，由於小阿爾伯特頻繁地被其他文本所引用，導致在其後出版的文本內容具相當高的重複性。

4　《摩西六七書》有別於《聖經》中摩西五經（創世記、出埃及記、利未記、民數記、申命記），主要由魔法符號、祈禱文、咒語以及儀式構成，這些內容被聲稱由摩西從神那裡接收到，並傳授給祭司。雖然該書聲稱與摩西有關，但多數學者認為其內容不屬於摩西時代，且結合了十八世紀的歐洲靈性元素。傳統猶太教與基督教都不承認此書的正統性，並視其為偽經。

德國：德國的魔法書多與鄉村生活密切相關，結合了惡魔學、基督教祈禱、猶太神聖名稱與民間信仰等混合體系，具地方特色與高度實用性。十八至十九世紀宗教改革期間，德國民間魔法手冊（Zauberbuch）與通俗書籍（Volksbuch）流行於民間。如能控制地獄力量的《地獄強制書》（*Höllenzwang*），以及引用猶太教先知摩西之名，實為德國魔法實踐者編纂的偽經魔法書《摩西六七書》。

希臘：希臘占星師多羅修斯（Dorotheu）寫的《占星五書》（*Pentateuch*）對後世的占星術影響深遠，是希臘化時期占星學的重要經典之一。這部作品以韻文形式寫成，內容涵蓋了占星術的各個方面，包括星座、行星、宮位和占星預測等。他以希臘文寫的著作後來被翻譯成阿拉伯語，令阿拉伯占星學中的行星的象徵概念出現變化，占星師們重新審視跨時代的魔法書籍，產生不同的詮釋見解，對後續的阿拉伯占星術影響不容小覷。

經典魔法書

本節將介紹以下幾本經典的魔法書並精選部分內容，希望能藉此讓讀者更加理解魔法的性質，以下表格將魔法書簡單分成三類：圖像祈禱魔法、星體魔法與驅魔或召喚魔法。

圖像祈禱魔法	星體魔法	驅魔或召喚魔法
《諾托利亞祈禱書》	《神祕哲學三書》	《何諾流斯受誓書》
	《七曜書》	所羅門魔法

魔法的分類，能幫助初心者對魔法的操作類型迅速有個大致上的理解，但這不代表該魔法具有固定的操作模式。魔法在廣泛的時空背景與信仰價值體系下有相當多元的差異性，本就不應一言以蔽之（甚至不應分類），因此比起替魔法書做分類，更重要的是能仔細品味每本魔法書的特色。

另外，本書的附錄也包含了印刷技術普及後，民間流傳的幾本魔法書的介紹，希望能替讀者帶來更多魔法書的閱讀方向，從中一窺各時代魔法演進的價值觀點。

諾托利亞祈禱書

《諾托利亞祈禱書》這本中世紀魔法書記錄了許多禱告的方法，旨在透過儀式獲得天使的幫助，以提升智慧。「Notoria」一詞可以指筆記或知識的藝術，但在此處特指用來激發記憶並加快對這些學科理解的「筆記」或神祕圖像。

與民間魔法或巫術不同，這是一本主要針對學者提升自身學習能力所使用的魔法書籍，屬於「學術魔法」的範疇。

這本書在十三至十六世紀非常受歡迎，據說透過這些儀式可以提高記憶力和理解力，達到一目十行、過目不忘的效果，甚至能瞬間學會多種語言，因此廣泛受到知識分子的青睞。

《諾托利亞祈禱書》記錄了多種祈禱方式，例如向上帝懺悔、禁食祈禱，並在床前跪下懇求天使的幫助。這些祈禱文希望在喚起神靈力量的同時傳授知識和智慧。除了禱告，書中還強調了淨化自身的心靈，認為這是獲得真知的首要條件。當心靈得到淨化後，個人能更專注於靈性修練。

一、《諾托利亞祈禱書》的定位

要把《諾托利亞祈禱書》歸類於星象魔法或所羅門魔法有些困難，因為它不符合這兩類魔法的典型特徵。

雖然《諾托利亞祈禱書》有時會與召喚系列的《所羅門的小鑰匙》（*Lemegeton*）第五部分聯想在一起（請見第131頁），因此遭編撰者假托所羅門的名義而被視為所羅門魔法的一部分，但它缺少所羅門魔法中如靈體名冊、保護性圓圈或其他奉獻工具等主要元素。另一方面，《諾托利亞祈禱書》偶爾會參考月相，但書中缺乏星象或影像魔法中常見的占星計算。

因此，儘管它與這兩大學派看似有所關聯，但它更傾向於以祈禱和精神淨化為主，並不完全屬於這兩大魔法學派的典型範疇。

《諾托利亞祈禱書》當中具有配合儀式或禱詞的圖片，相傳透過這些圖片，進行特定的儀式祈禱，能獲得相關領域的智慧，其具體方式如觀看圖片祈禱。以一張「符號圖像」（nota[5]）圖案構成為例，圖形中央是神聖名號，圖形外圈圍繞的字母和圖案形成一個神祕的組合；這張圖案的作用為提升記憶力，祈禱的對象通常是天使或聖靈，搭配祈禱詞（包含《聖經》引用或對天使、聖靈的呼求），祈禱者能藉此獲取超自然的語言能力和記憶力。在儀式過程中，魔法師需要遵循嚴格的時間表（通常與星象有關）並保持長時間的禁慾和純潔。透過符號圖像與禱詞共同作用，作為一種打開神聖智慧之門的鑰匙。

二、背景與影響

《諾托利亞祈禱書》手稿可追溯至西元一二二五年，在十三至十六世紀廣泛流傳且非常流行。當時的學者們相信，這些儀式可以

5 nota：在拉丁文中意指「符號」、「標記」或「圖案」，其複數形式為「notae」。

使人過目不忘、快速掌握多種語言，甚至達到學術上的卓越成就。中世紀的書籍多為手工抄寫，書籍的複製和傳播速度相對緩慢，且每個抄寫者可能都會加入自己的改編或註解，因此這類文獻在不同時期和地區流傳時可能會經歷多次改變，使得原始文本和年代更難考證。無法確定其成書的確切年分，目前普遍認為是印刷技術尚未普及的十三世紀左右。

《諾托利亞祈禱書》記錄了如何祈禱以獲得天使直接且迅速的幫助，並教授算術、占星學、手相學、辯證法、幾何學、希臘語、希伯來語等多門學科，幾乎涵蓋了中世紀大學課程的所有領域，還加入了記憶學和魔法等實用知識。

此書來源眾說紛紜，其中之一是所羅門王從天使優西比烏（Eusebius Pamphilius）手中獲得了這本書，後來由阿波羅尼烏斯（Apollonius of Tyana）翻譯，並命名為《金花》（*Flores Aurei*）。這樣的傳說也為《諾托利亞祈禱書》添上些神祕色彩，鞏固了它在中世紀魔法中的權威性。許多著名的魔法師和學者都提及此書，在阿巴諾的彼得的著作《啟蒙者》（*Lucidator*）與《哲理調和》亦展現了對其的高度重視。

如前面探討《諾托利亞祈禱書》定位的段落所言，傳說總會在以訛傳訛間增添諸多虛構的細節，此書有別於儀式魔法書，更著重於精神的淨化和祈禱，這些祈禱文透過虔誠的祈求以淨化心靈，意圖喚起天使和神靈的力量，從而得到學術上的卓越智慧。

阿巴諾的彼得在其著作中多次提到《諾托利亞祈禱書》，並進行了深入研究。西元一二三六年，麥可．史考特（Michael Scot）提及過此書，認同它對學者有實際價值。隨後，基督教講道士聖安東尼．帕多瓦（St. Anthony of Padua）在講道中實際運用了其中的祈禱文。

《諾托利亞祈禱書》在學者間頗受歡迎，卻也曾受到多位教會神學家的批評。十三世紀的自然神學家托馬斯．阿奎那（Thomas Aquinas）在《神學大全》（*Summa Theologiae*）中譴責這本書，認為其中的未知文字可能是惡魔的名字。對基督教與煉金術領域的知識有所涉略的著名英國哲學家羅傑．培根（Roger Bacon）甚至在其著作《第三著作》（*Opus Tertium*）中，將《諾托利亞祈禱書》列為應被法律禁止的書籍清單項目中。

三、後世影響

《諾托利亞祈禱書》在十六至十七世紀對魔法師產生了深遠的影響。英國玫瑰十字會（Rosicrucianism）的神祕學者兼醫師羅伯特．弗拉德（Robert Fludd）和劇作家本．強森（Ben Jonson）都擁有這本書的副本。此外，占星師威廉．莉莉（William Lilly）也擁有兩份《諾托利亞祈禱書》的副本，並與好友埃利亞斯．阿什莫爾（Elias Ashmole）共同研究這些內容。約翰．迪伊[6]和賽門．福曼（Simon Forman）也曾多次研讀此書。

6　約翰．迪伊（John Dee，西元一五二七－一六〇九年）十六世紀的著名神祕學者。出生於英國倫敦，畢業於劍橋大學，他以數學、占星學、煉金術、以及神祕學研究而聞名。迪伊曾擔任伊麗莎白一世的皇家顧問，以占星術協助她確定加冕的最佳日期。

四、《諾托利亞祈禱書》的圖片及說明

圖片與祈禱方式皆有特定的形式，例如討論幾何學（Geometry）的符號圖像如圖十一，禱告的方式是在圖片前念誦禱文三次，禱詞為「*Gemhat, Semanay, Johas, Phares, Nerguazathe, Zeguomor, Moche, Zechamary, Cortozo, Semachia, Machym, Hesel, Halyhacol, Gemoy.*」，接著休息，然後念出拉丁語的祈禱詞：「*Deus, justus, judex.*」（意思是「神啊，公正的法官」）。這部分祈禱詞用於向神請求智慧，特別是幾何知識。

禱詞局部：*Deus, justus, judex omnipotens Pater, qui salutem nostram promisisti, et justitiam tuam revelasti populis, aperi oculos meos et aures meas, ut sapientiam tuam comprehendam et memorem...*

翻譯參考：*哦，神啊，公正的法官，全能的父，祢賜下救贖的應許，並將祢的公義顯示給世人，請開啟我的眼睛與耳朵，使我能理解並牢記祢的智慧⋯⋯*

我們可以將《諾托利亞祈禱書》的禱告理解成：能配合圖片的意象，將達成與神的連結。藉由圖片的象徵意義，祈禱者在觀看這些圖像時，只要搭配特定的祈禱語句，便能加深與神的精神聯繫，獲得快速學習的能力。這種方法與傳統的學習方式不同，除了記憶與讀書，它的重點是通過冥想和禱告將知識直接灌輸到心靈中。

三學與四藝

中世紀時期的大學課程中，學術課程主要可分為兩個部分：「三學」與「四藝」，《諾托利亞祈禱書》的內容結構與三學四藝關係相當密切。三學（Trivium）主要涵蓋與語言和邏輯相關的學科：

文法 (Grammar)

包括拉丁語的學習和語言結構的理解。

辯證法 (Dialectic)

即邏輯學，訓練學生進行邏輯推理與論證。

修辭學 (Rhetoric)

專注於清晰、有說服力的表達與辯論能力。

四藝（Quadrivium）主要涵蓋與數學相關的四門學科：

算術 (Arithmetic)

數字的運算與數學理論。

幾何學 (Geometry)

對空間和形狀的理解。

音樂 (Music)

不限於表演藝術，還包括數學上的音律結構。

天文學 (Astronomy)

包括對天體運行的理解，與占星學有一定的交集。

1. 幾何學

該圖為用來增進幾何學能力的祈禱圖，它詳細描述了關於圖形和形狀的概念。

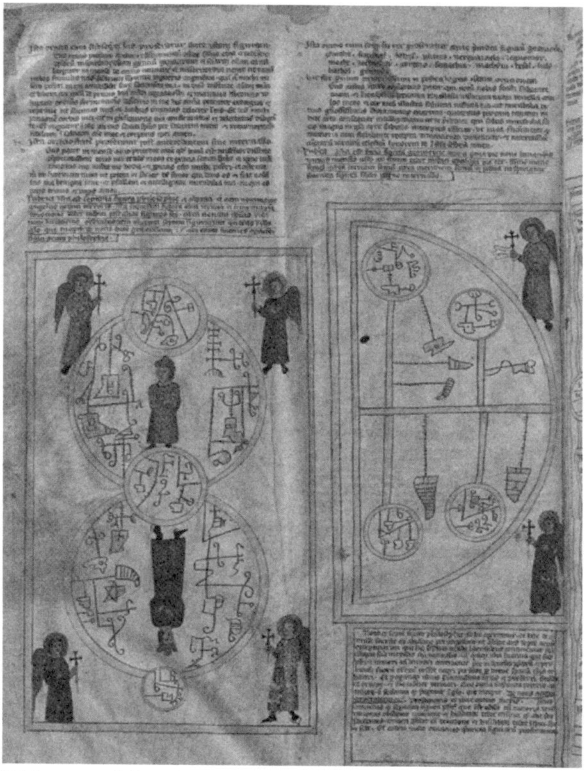

圖十一　《諾托利亞祈禱書》的幾何學。

2. 修辭學

該圖為用來增進修辭學能力的祈禱圖。在中世紀的魔法書中，修辭學會被視作一種特定的知識或技巧，尤其是在《諾托利亞祈禱書》這類旨在提高智力和學術能力的魔法書中。若能正確使用語言，人們可以淨化自己的心靈，排除干擾以便清晰地接受來自神聖世界的智慧。

圖十二　《諾托利亞祈禱書》的修辭學。

3. 物理與醫學

該圖為用來增進物理與醫學能力的祈禱圖。在中世紀的魔法書和學術著作中，「Physic」這個詞通常是指物理學（Physics）或醫學（Medicine），它涉及對自然界規律和人類身體的研究。在《諾托利亞祈禱書》這類旨在提升智力和靈性能力的魔法書中，「Physic」具有雙重意義，既指自然與醫學的學問，也象徵著靈性與療癒。

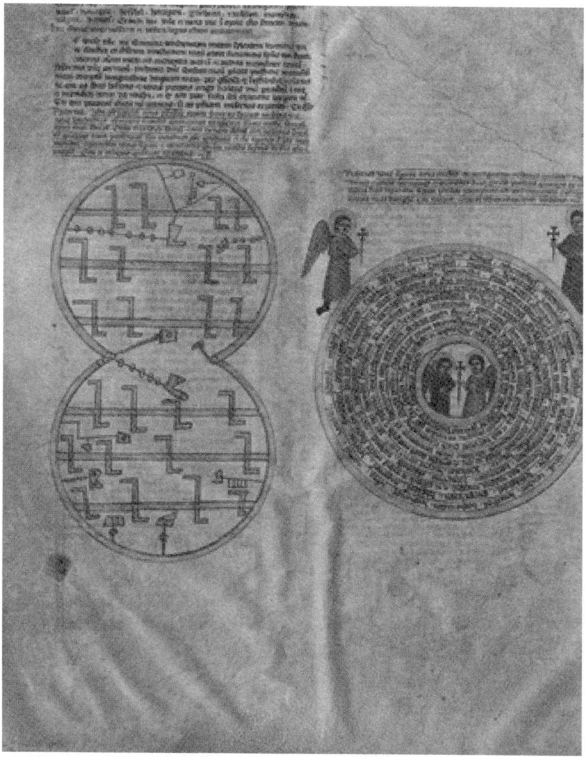

圖十三　《諾托利亞祈禱書》的物理與醫學。

4. 神學

該圖為增進神學（Theology）理解的祈禱圖。對中世紀的大多數學者而言，神學不僅是一門理論知識，更是一種通往靈性啟迪的大門。透過反覆誦讀和冥想神學祈禱文，修行者可以淨化心靈，啟發智慧和靈魂。

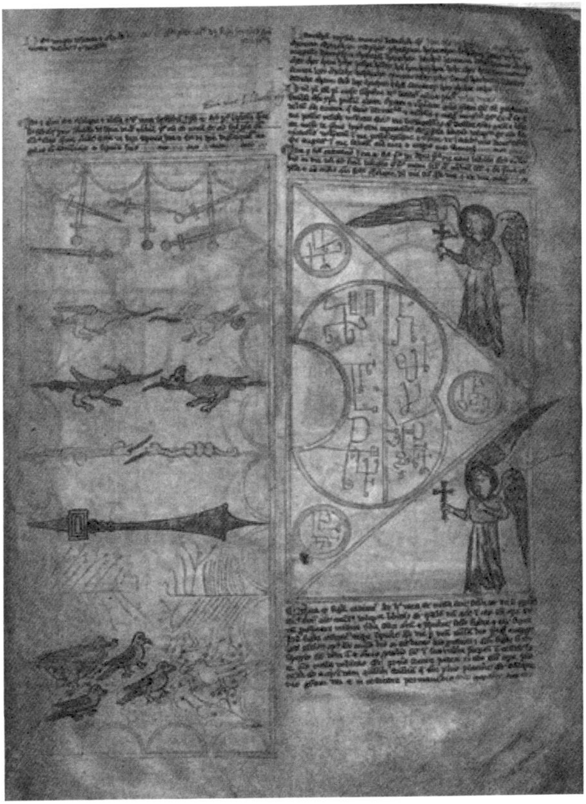

圖十四　《諾托利亞祈禱書》的神學。

5. 天文學

該圖為天文學（Astronomy）理解祈禱圖，中世紀的天文學主要是研究行星、恆星和其他天體的運行規律，學者試圖透過相關研究來理解宇宙的結構和自然現象的本質。但天文學不僅是了解宇宙運行的學術知識，也被視為提升個人智慧和靈性的方法。書中的許多祈禱文和冥想練習皆與天體運行有關，藉此來獲取天使的啟示或靈感。

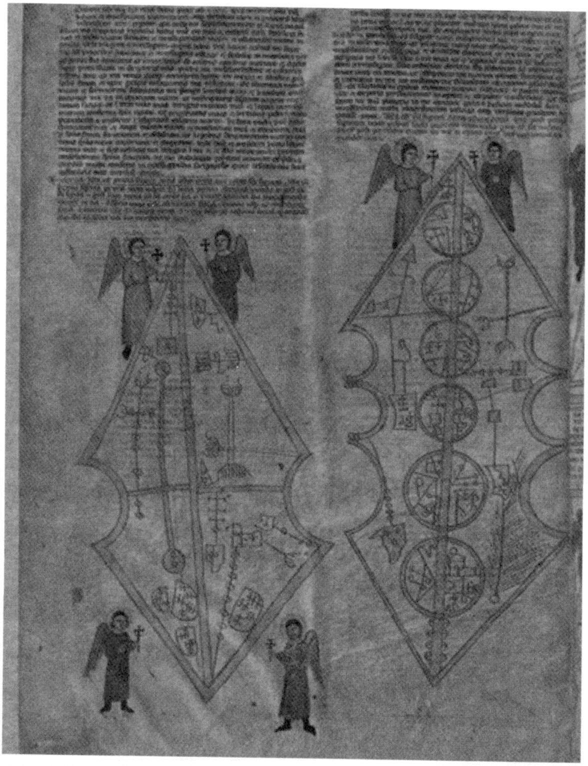

圖十五　《諾托利亞祈禱書》的天文學。

《神祕哲學三書》

《神祕哲學三書》（*De Occulta Philosophia Libri Tres*）是十六世紀著名神祕學家阿格里帕．馮．內特斯海姆所著的神祕學經典（詳見第一章）。內容深入探討神祕主義中的天使與惡魔，尤其在第三本書中，更詳細闡述了各種與天使和惡魔的互動及儀式。他認為天使能幫助人們從神那裡獲取知識，促進靈性成長；而惡魔則會帶來詛咒與毀滅的邪惡力量。例如書中所提到的阿克提烏斯（Actaeus），是希臘神話中六位忒爾喀涅斯（Telchines）之一。忒爾喀涅斯是一群極具創造力又帶有毀滅性質的存在，擁有將冥河（Styx）之水灑落大地引發災難、瘟疫與饑荒的能力。祂們象徵著創造與破壞的雙重力量，展現了希臘神話中對自然與道德的複雜詮釋。

一、《神祕哲學三書》分為三部分

1. 自然魔法

討論自然界中的魔法力量，涵蓋石頭、草藥、樹木、金屬等自然物質。

內容：揭示這些自然物質中隱含的神祕力量，並詳細說明如何通過適當的方式使用這些物質來施展魔法。

應用：包括草藥、礦石等物質在療癒與淨化儀式中的使用，這也涉及煉金術領域的概念。

2. 天文或數學魔法

主要探討天文學與數學在魔法中的應用，特別是行星和星座之間的關係。

內容：解釋星盤、魔法方陣、占星術魔法等數學結構如何影響人類的命運及自然現象，並強調數學是理解和應用魔法的基礎。

應用：包括如何以精確的數學計算來施展魔法、預測未來。

3. 儀式魔法

描述與異教神祇、精靈、天使、惡魔等超自然存在互動的儀式魔法，並討論施法者如何與上帝互動。

內容：介紹如何透過各種儀式與天使、神祇建立聯繫，或召喚和控制惡魔的技巧。阿格里帕對此部分非常謹慎，他強調施法者在召喚這些力量時，必須具有純潔的靈魂和正確的動機，魔法必須與上帝之道一致，唯有對上帝懷抱信仰和敬畏，魔法才能夠發揮正面的作用。

應用：如儀式驅魔、召喚天使獲取智慧等。

二、書籍內容部分解析

1. 魔法與自然哲學

下圖所呈現之拉丁文的意涵大致如下：

「他們觀察到，大自然透過星體的光將其印記刻劃在這個世間的各個層面中，有些記錄於石頭上，有些則隱藏在毛髮與樹枝的節點與關節中，還有一些散布在動物的肢體上。例如，月桂、蓮花和

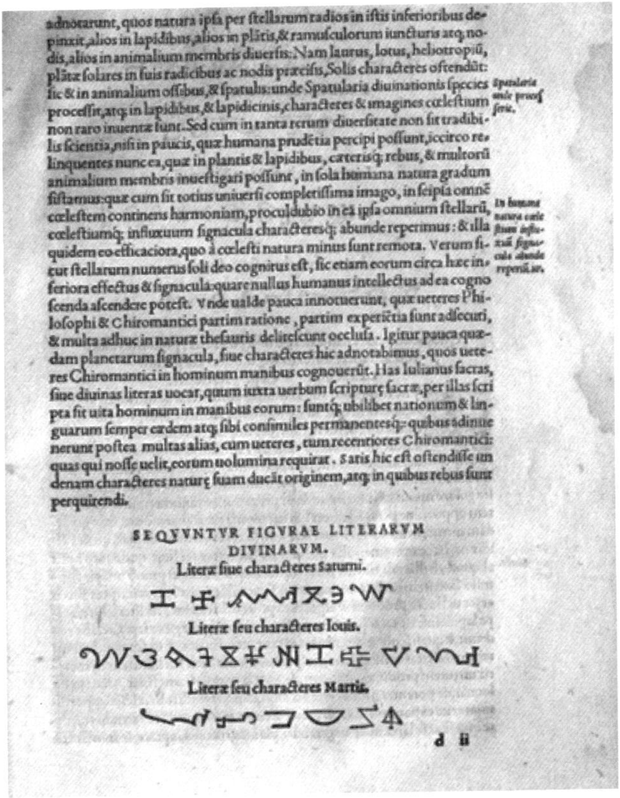
adnotarunt, quos natura ipsa per stellarum radios in istis inferioribus depinxit, alios in lapidibus, alios in plãtis, & ramusculorum iuncturis atq; nodis, alios in animalium membris diuersis: Nam laurus, lotus, heliotropiũ, plãtæ solares in suis radicibus ac nodis præcisis, Solis characteres ostendũt: sic & in animalium ossibus, & spatulis: unde Spatularia diuinationis species processit, atq; in lapidibus, & lapidicinis, characteres & imagines cœlestium non raro inuentæ sunt. Sed cum in tanta rerum diuersitate non sit tradibilis scientia, nisi in paucis, quæ humana prudẽtia percipi possunt, iccirco relinquentes nunc ea, quæ in plantis & lapidibus, cæterisq; rebus, & multorũ animalium membris inuestigari possunt, in sola humana natura gradum sistamus: quæ cum sit totius uniuersi completissima imago, in seipsa omnẽ cœlestem continens harmoniam, proculdubio in eã ipsa omnium stellarũ, cœlestiumq; influxuum signacula charactẽresq; abunde reperimus: & illa quidem eo efficaciora, quo à cœlesti natura minus sunt remota. Verum sicut stellarum numerus soli deo cognitus est, sic etiam eorum circa hæc inferiora effectus & signacula: quare nullus humanus intellectus ad ea cognoscenda ascendere potest. Vnde ualde pauca innotuerunt, quæ ueteres Philosophi & Chiromantici partim ratione, partim experiẽtia sunt adsecuti, & multa adhuc in naturæ thesauris delitescunt occlusa. Igitur pauca quædam planetarum signacula, siue characteres hic adnotabimus, quos ueteres Chiromantici in hominum manibus cognouerũt. Has Iulianus sacras, siue diuinas literas uocat, quum iuxta uerbum scripturę sacræ, per illas scripta sit uita hominum in manibus eorum: suntq; ubilibet nationum & linguarum semper eædem atq; sibi consimiles permanentesq;: quibus adinuenerunt postea multas alias, cum ueteres, tum recentiores Chiromantici: quas qui nosse uelit, eorum uolumina requirat. Satis hic est ostendisse unde nam characteres naturę suam ducãt originem, atq; in quibus rebus sunt perquirendi.

Spatularia unde processerit.

In humana natura cœlestium influxuũ signacula abunde reperiũtur.

SEQVVNTVR FIGVRAE LITERARVM DIVINARVM.

Literæ siue characteres Saturni.

Literæ seu characteres Iouis.

Literæ seu characteres Martis.

d ii

圖十六　《神祕哲學三書》中的神聖的自然之符號。

向日葵會在它們的莖葉與莖節之中顯現特定的符號。太陽的符號則出現在動物的腹部，並從空間中浮現，形成了一種占卜的方式。這些符號和形象雖然在石頭與採石場中極為罕見，但當它們展現於神聖的自然之中時，人類所能理解的範疇極為有限。我們即使能夠辨識、探索並描述這些符號所蘊含的意義，但在人類的有限視角中，仍然僅能構築出與整個宇宙規模相比微不足道的理解層次。」

「這些符號中包含了天界的象徵與和諧，從蒐集星星的名稱到每個符號的意涵，都可以清楚地看到這種影響。而這種來自天界的力量，在天體運行的本質中幾乎不曾中斷。若有人能夠理解星星數量的奧祕，那麼他們的行為與影響，也會在那些專注於知識的人們心中昇華。」

「因此，觀察那些哲學家與天文學者所掌握的少數資料，儘管其中仍有許多未能被經驗證實的部分，但他們對自然的信念依舊堅定。而在自然界中，還有許多帶有符號的事物，這些符號就如同神聖文字，訴說著超越凡界的智慧。有些擁有這些符號的人已經如同這些符號般，成為永恆的存在。這些符號透過種種儀式，彷彿帶著翅膀般，永遠駐足於靈性的世界。因此，我們所知的這些符號，無論其組成、結構或目的為何，其起源都可追溯至大自然的印記。」

魔法中的數學邏輯

魔法也藏有數學邏輯。事實上數學是魔法成功的關鍵因素，有助於魔法的應用。在《神祕哲學三書》中，作者詳細闡述了數學在魔法中的重要性，並指出魔法通常遵循著一些特定的數學原理和規律：

魔法結構

魔法方陣、魔法星型、魔法圓等幾何圖形在魔法中有重要作用。

數字象徵意義

數字、重量、尺寸、和諧比例等數學概念與自然法則密切相關，可用於創造魔法效果。

歷史案例

歷史上曾有許多魔法師運用數學原理取得驚人成就，例如通過計算星盤預測重大事件，或設計出強大的保護結界。

數學的作用涵蓋了自然與魔法之間的關係，甚至能夠通過數學技巧來創造和操控魔法效果。對於魔法學習者來說，掌握數學知識不僅能增強魔法的理論基礎，更能在實際操作中獲得具體的成就。

圖十七是行星印記（planetary characters），它們可對應特定行星的符號和字符。在西方神祕學和占星術中，每個行星都有其專屬的印記，分別用於魔法儀式、護符製作和天文占卜中。這些印記通常與行星的能量、特質和影響相關。

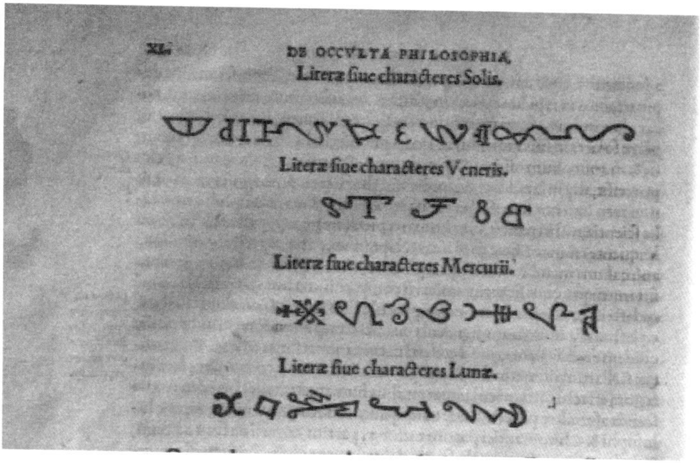

圖十七　《神祕哲學三書》中的行星印記。

2. 有力量的文字

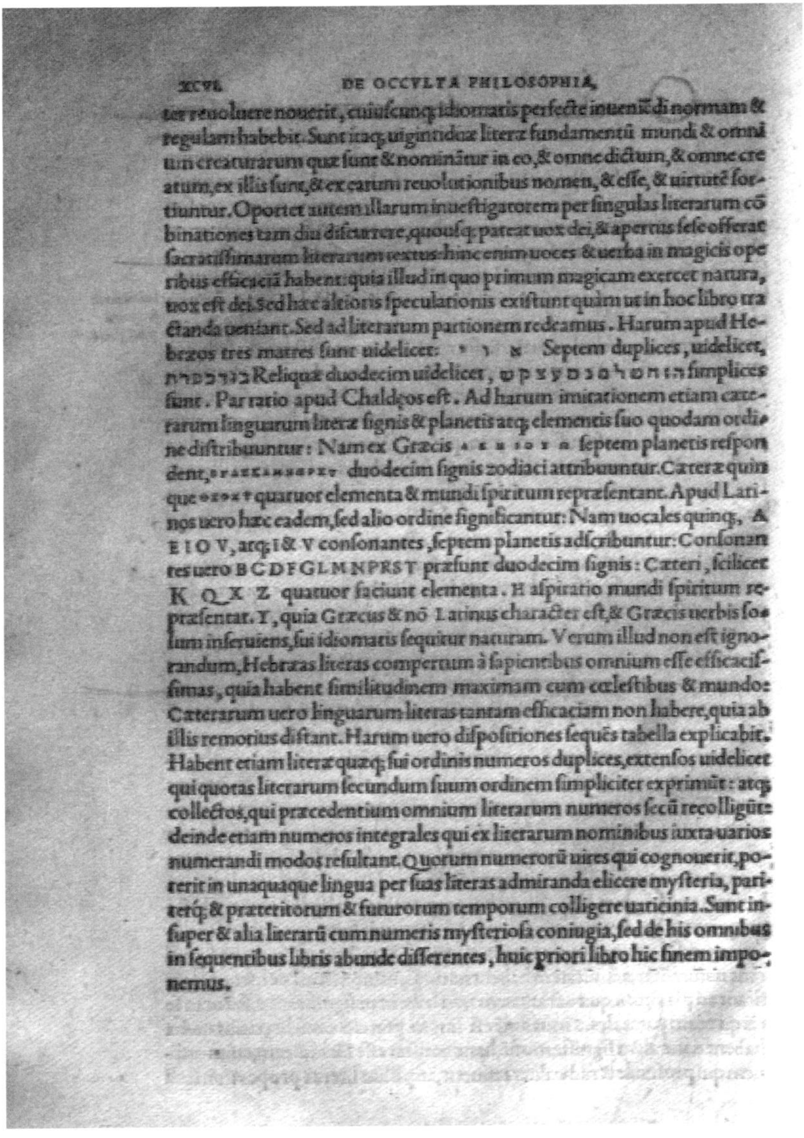
XCVI. DE OCCVLTA PHILOSOPHIA.

ter reuoluere nouerit, cuiuscunq; idiomatis perfecte inueniēdi normam &
regulam habebit. Sunt itaq; uigintiduæ literæ fundamentū mundi & omni
um creaturarum quæ sunt & nominātur in eo, & omne dictum, & omne cre
atum, ex illis sunt, & ex earum reuolutionibus nomen, & esse, & uirtutē sor-
tiuntur. Oportet autem illarum inuestigatorem per singulas literarum cō
binationes tam diu discurrere, quousq; pateat uox dei, & apertus sese offerat
sacratissimarum literarum textus: hinc enim uoces & uerba in magicis ope
ribus efficaciā habent: quia illud in quo primum magicam exercet natura,
uox est dei. Sed hæc altioris speculationis existunt quàm ut in hoc libro tra
ctanda ueniant. Sed ad literarum partionem redeamus. Harum apud He-
bræos tres matres sunt uidelicet: א ו י Septem duplices, uidelicet,
בגדכפרת Reliquæ duodecim uidelicet, ה ו ז ח ט ל נ ס ע צ ק ש simplices
sunt. Par ratio apud Chaldæos est. Ad harum imitationem etiam cæte-
rarum linguarum literæ signis & planetis atq; elementis suo quodam ordi-
ne distribuuntur: Nam ex Græcis Α Ε Η Ι Ο Υ Ω septem planetis respon
dent, [illegible] duodecim signis zodiaci attribuuntur. Cæteræ quin
que [illegible] quatuor elementa & mundi spiritum repræsentant. Apud Lati-
nos uero hæc eadem, sed alio ordine significantur: Nam uocales quinq; A
E I O V, atq; I & V consonantes, septem planetis adscribuntur: Consonan
tes uero B C D F G L M N P R S T præsunt duodecim signis: Cæteri, scilicet
K Q X Z quatuor faciunt elementa. H aspiratio mundi spiritum re-
præsentat. Y, quia Græcus & nō Latinus character est, & Græcis uerbis so-
lum inseruiens, sui idiomatis sequitur naturam. Verum illud non est igno-
randum, Hebræas literas compertum à sapientibus omnium esse efficacis-
simas, quia habent similitudinem maximam cum cœlestibus & mundo:
Cæterarum uero linguarum literas tantam efficaciam non habere, quia ab
illis remotius distant. Harum uero dispositiones sequēs tabella explicabit.
Habent etiam literæ quæq; sui ordinis numeros duplices, extensos uidelicet
qui quotas literarum secundum suum ordinem simpliciter exprimūt: atq;
collectos, qui præcedentium omnium literarum numeros secū recolligūt:
deinde etiam numeros integrales qui ex literarum nominibus iuxta uarios
numerandi modos resultant. Quorum numerorū uires qui cognouerit, po-
terit in unaquaque lingua per suas literas admiranda elicere mysteria, pari-
terq; & præteritorum & futurorum temporum colligere uaticinia. Sunt in-
super & alia literarū cum numeris mysteriosa coniugia, sed de his omnibus
in sequentibus libris abunde differentes, huic priori libro hic finem impo-
nemus.

圖十八　《神祕哲學三書》中的魔法字母的祕密。

圖十八的拉丁文主要說明：

「二十二個字母構成了世界與所有生物的基礎。它們以二十二個席位的形式命名、發聲、賦予生命，並透過六百次的輪轉確立它們的名稱、存在與力量。我們必須逐一考察這些字母的整體性，才能接觸這些神聖文字的奧祕，從而在所有神聖文書中理解其意涵，並由此洞察自然運行的根本、變革與信仰。然而，這些議題需要在其他地方進行更深入的探討，本書將在此處重新檢視。現在，讓我們回到字母的分類。

在希伯來語中，有三個母字母，即א, מ, ש；七個雙重字母即ב, ג, ד, כ, פ, ר, ת。其餘十二個為單純字母，即ה, ו, ז, ח, ט, י, ל, נ, ס, ע, צ, ק。這些字母在迦勒底文中也有相應的字符。所有語言的字母符號、行星和元素均與此相關，並且彼此分配。例如，希臘文的A、I、Ω、AI、A、EI、Ω，總是與行星對應，而其餘十二個字母則對應於附屬的星座符號。

希臘文中的五個字母象徵了四個元素和宇宙的結構。拉丁文有二十三個字母，與七個行星的對應更加完整。輔音字母如B、C、D、G、L、M、N、P、R、S、T，對應十二個星座符號。其餘的K、L、Q、X、Z等字母則另有涵義。那些重建語言知識體系的人，重新定義了希臘與拉丁文字符的語法。這些字符的分配，對應其自然的分布，更加符合基礎理論。希伯來字母在效力上與它們有更多的聯繫，從而達到智慧與幸福的至高境界。

此外，這些字母還可用於所有語言間的符號轉換。其數學性質與其自身高度一致，透過某些特定的數學配置，這些字母在其內部結構中達到和諧。我們以數字化方式排列這些字母符號，依據每個字母的比例分配其意義。這種方法既適用於字母的表達，也適用於符號的傳播。我們在此記錄所有字母的祕密，這些字母超越了普通的排列方式，並且彼此間存在對應關係。我們將在後續的書籍中對此進行更為詳細的討論。」

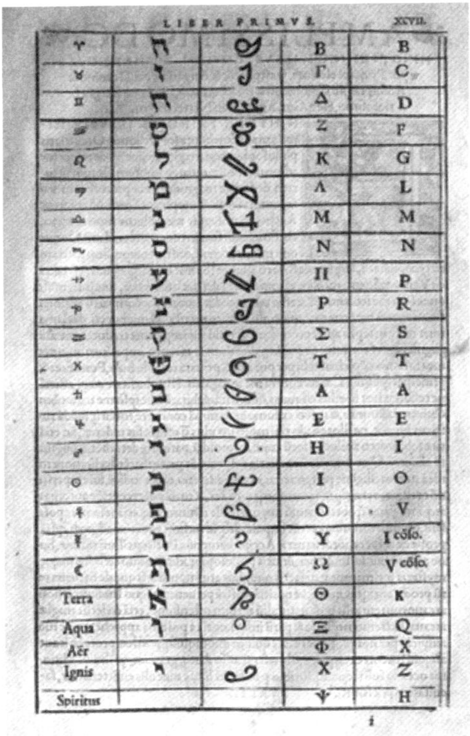

圖十九　《神祕哲學三書》中的魔法字母與行星及希臘字母之對應。

3. 智慧符號與字符

在神祕學和魔法中，符號（sigils）、符印（seal）智慧（intelligentia）與行星力量之間的關聯是影響現實世界的關鍵。透過儀式與魔法，人們可以在現實生活中達成特定的目標或效果。以下說明《神祕哲學三書》中的符號與智慧如何影響現實世界。

(1) 理解符號的力量與智慧的屬性

手稿中每個行星符號都與特定的數字、智慧和惡魔（Dæmones）相對應。智慧象徵著行星的正面力量，而惡魔則代表行星力量的負面或破壞性影響。理解這些符號所對應的屬性，能幫助你選擇適合的符號和智慧來達成具體目標。

(2) 建構與智慧的連結

將注意力集中在所選符號或智慧的名字上，進行冥想和祈禱。在這個過程中，專注於你的意圖，例如尋求智慧的幫助、解決特定問題或獲取內在力量。

(3) 將符號與智慧的力量引入現實

將適合的符號和符印製作成護符或護身符，隨身攜帶或放置在特定的地方幫助你達成目標。

(4) 利用符號進行魔法儀式

在手稿中，每個符號或智慧的名字都可以用於特定的魔法儀式中。這些儀式包括：

召喚儀式：透過咒語和符號的組合，召喚特定的智慧或力量。這些儀式常常需要特定的時間（如行星時刻）和空間（如神聖的圈），以及特定的材料（如蠟燭、香草、寶石）。

保護儀式：使用符號和符印來創建保護屏障或清除負面能量。例如，土星符號可以用來驅散負面影響。

(5) 與智慧溝通與對話

這些符號與智慧的名字也可用來進行靈性對話。你可以在冥想中呼喚特定的智慧名字，尋求指導與啟示。

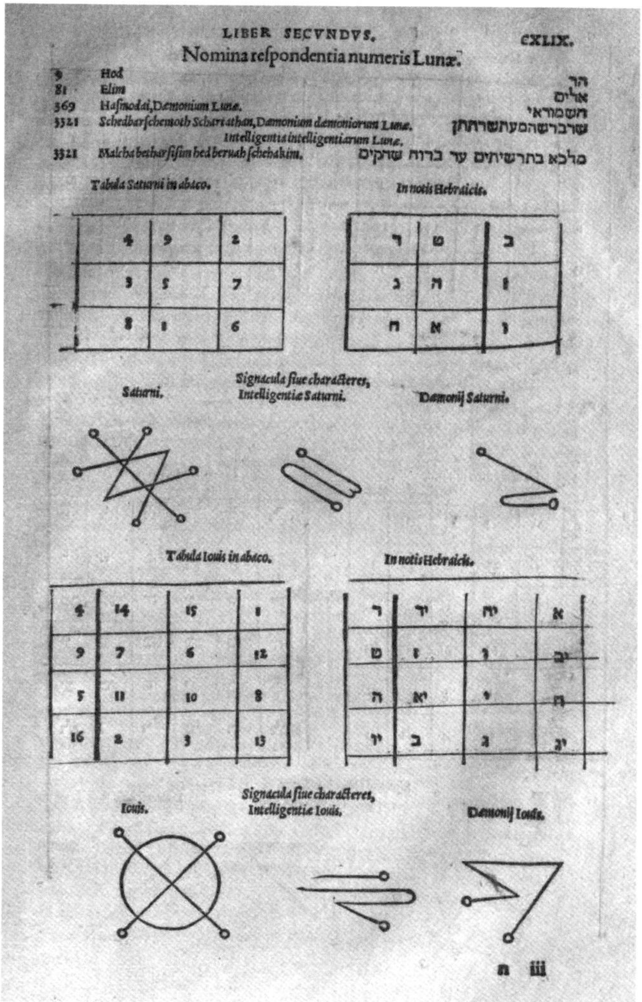

圖二十　　《神祕哲學三書》中土星與木星的智慧符號與惡魔符號。

圖二十為土星與木星的智慧符號和惡魔符號，這些符號和特定數字的排列組合用於召喚或控制行星的能量，通過理想的使用方法，可以在神祕學或魔法執行中達到影響現實的目的。

4. 秩序與完美的比例

圖二十一中的拉丁文顯現出作者想表達的自然哲學觀點。

既然人的身體是世界的縮影，所有部分都與整體和諧對應，這種協調使得人與宇宙和神聖的模式一致。人的四肢、關節和每個器官都依特定比例分布，無論是內在的還是外在的，都表現出一種宇宙的秩序和對稱。

圖二十一 《神祕哲學三書》中的完美比例。

阿格里帕相信，人的形象和結構中蘊含著所有事物的樣式與本質。舉例來說，人的前臂長度是人體總高度的五分之一左右，而手掌寬度是前臂長度的四分之一。這樣的比例之和形成了更高的完整性，也使得一切事物在最美的和諧中顯現。

這種和諧之美甚至也延伸到靈魂的各種狀態，它們透過特定的比例達到完美的平衡和節制，彰顯出人類身體力量和靈魂美德的理性表現。

人類的身體比例和諧、對稱，能與宇宙的原型相契合，使得人體的每個部位都與某個星座、某顆星、某個智慧體、某個神聖名號或是神的原型相對應。人體的整體結構是圓形的，這表明人體各部分之間的和諧如同宇宙運行的模式，便能以這種特定的比例衡量和理解萬物。

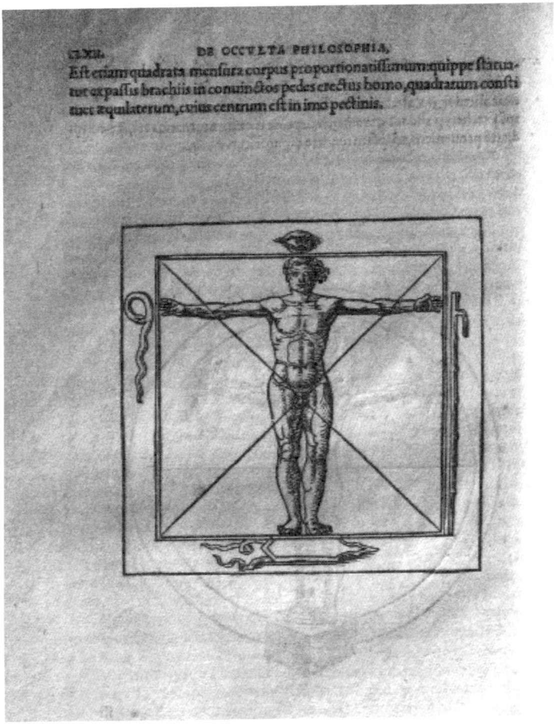

圖二十二　《神祕哲學三書》，方形測量人體比例。

「*Et etiam quadrata mensura corpus proportionalissimum, quippe statur expasis brachiis in coniunctos pedes erectus homo, quadratum constituit aequaliterum, cuius centrum est in imo pectinis.*」

大意為：「人體的比例也可以用方形測量，當人張開雙臂，雙腳併攏站立時，便構成了一個等邊矩形，其中心位於恥骨的下端。」

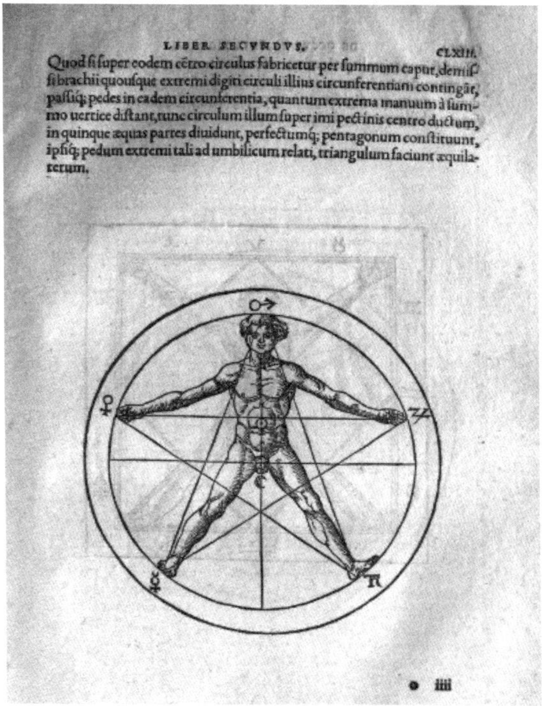
LIBER SECVNDVS. CLXIII.
Quod ſi ſuper eodem cētro circulus fabricetur per ſummum caput, demiſſi brachii quouſque extremi digiti circuli illius circunferentiam contingāt, paſſiq; pedes in eadem circunferentia, quantum extrema manuum à ſummo uertice diſtant, tunc circulum illum ſuper imi pectinis centro ductum, in quinque æquas partes diuidunt, perfectumq; pentagonum conſtituunt, ipſiq; pedum extremi tali ad umbilicum relati, triangulum faciunt æquilaterum.

iiii

圖二十三　《神祕哲學三書》，人體為完美的正五邊形。

「*Quod si super eodem et circulus fabricetur per summum caput, deorsum usque ad pedes, in quinque partes dividunt, perficiunt pentagonum quem constitui, ipso pedum extremitati ad umbilicum relati, triangulum facient aequilaterum.*」

大意為：「*如果在原先構成的等邊矩形的中心點上作一個圓形，從頭頂延伸至腳底，將其分為五個部分，就會形成一個正五邊形。這個五邊形的每個頂點均與臍部相連，從而構成一個等邊三角形。*」

5.《神祕哲學三書》中的地占術

地占術（Geomancy）中所使用的地占圖形被稱為「figurae geomanticae」，除了作為占卜的工具外，也能作為一種靈性符號系統來影響現實世界。每種符號影響著不同的人類屬性和行為，例如在星座或行星的影響下，某些符號能帶來成功、保護、愛情或災厄等不同效果。

例如在《第二書》（*Liber Secundus*）第四十八章的內容描述是，在地占卦為「龍首[7]」之下，人們製作出人的形象，用以加強智慧、幫助理解、促進學習與記憶力，並能增強勇氣與大膽的行動力。這些形象和符號通常用來吸引智慧之光，驅散愚昧與無知。它們被認為能夠提升靈性理解，幫助人們更加接近宇宙的真理與知識。如圖二十四由上向下數的第十五列便是龍首卦。

---

7 「龍首」（Caput Draconis）的拉丁語同「北交點」（North Node），占星學中，北交點和南交點（Cauda Draconis）分別代表月亮的軌道與黃道的交點。北交點象徵靈魂的發展方向、新的課題和成長，而南交點則與過去的經驗和業力有關。

CXC. DE OCCVLTA PHILOSOPHIA,

FIGVRA.	NOMEN.	ELEMENTVM.	PLANETA.	SIGNVM.
* * * *	Via Iter	Aqua	☾	♌
* * * * * * * *	Populus Congregatio	Aqua	☾	♑
* * * * * *	Coniunctio Coadunatio	Aër	☿	♍
* * * * * *	Carcer Constrictus	Terra	♄	♓
* * * * * *	Fortuna maior Auxilium maius. Tutela intrans	Terra	☉	♒
* * * * * *	Fortuna minor Auxilium minus Tutela exiens	Ignis	☉	♉
* * * * * *	Acquisitio Comprehensum intus.	Aër	♃	♈
* * * * * *	Amißio Comprehensum extra.	Ignis	♀	♎
* * * * * * *	Lætitia Ridens Sanus Barbatus.	Aër	♃	♉
* * * * * * *	Tristitia Damnatus Transuersus	Terra	♄	♏
* * * * *	Puella Mundus facie	Aqua	♀	♎
* * * * *	Puer Flauus Imberbis	Ignis.	♂	♈
* * * * * * *	Albus Candidus	Aqua	☿	♋
* * * * * * *	Rubeus Ruffus	Ignis	♂	♊
* * * * *	Caput Limen intrans Limen superius	Terra	☊	♍
* * * * *	Cauda Limen exiens Limen inferius	Ignis	☋	♐

圖二十四　地占符號對應的元素屬性、行星與星座。

《賢者之目的》

《賢者之目的》（*Picatrix*）原名「Ghayat al-Hakim」，作者不詳，最早可能在十世紀末至十一世紀初的伊斯蘭世界出現，包含了大量占星學、煉金術、護符魔法等內容。十二世紀末或十三世紀初被翻譯成拉丁文，在歐洲廣泛流傳，並對當時的自然魔法產生了深遠的影響。

該書最初由阿拉伯人撰寫，綜合了多個文化和經典的知識，尤其是來自希臘、波斯、印度和埃及等傳統的魔法、占星術和哲學思想，被視作多元文化魔法和哲學的綜合作品。這種集多種知識綜合性的編纂方式，在中世紀伊斯蘭世界極為常見，黃金時期的阿拉伯學者致力於吸收世界各地的知識，再在此基礎上創新與發展。

《賢者之目的》汲取了新柏拉圖主義的影響，視宇宙靈魂（anima mundi）為一種貫穿天地、調和宇宙秩序的力量，強調宇宙中各種天體與靈魂的相互作用，能夠影響魔法的效果。此書關注行星與護符的製作，將它們視為自然界力量的具象化。這種思想成為後來自然魔法和煉金術的理論基礎。該書不僅限於阿拉伯世界的思想，還融合古埃及、印度、希臘等多個文明的神祕學與魔法系統，這使得《賢者之目的》成為中世紀和文藝復興時期歐洲占星學和魔法的重要參考書。

例如，在操控自然力量的關鍵上，《賢者之目的》非常強調魔法師的角色。書中提到，魔法涉及了想像與物質操作，且涵蓋不同層次的自然魔法，包括：

1. **靈魂中的靈魂** الروح في الروح：屬於想像的範疇。
2. **靈魂在物質中** الروح في المادة | سريان الروح：與護身符有關。
3. **物質中的物質** المادة في المادة | المادة الأولى：涉及煉金術。

靈魂在宇宙結構中所扮演的角色

在《賢者之目的》，宇宙被描述為五層結構：

1. **第一形式**（al-sūrah）：事物的秩序。
2. **智慧**（al-'aql）：因果法則。
3. **靈魂**（al-nafs）：承載和轉化神聖能量的媒介。
4. **自然**（al-tabī'ah）：運動與靜止。
5. **元素**（al-'anāsir）：物質的混合。

靈魂位於宇宙秩序的中心，作為自然變化的主要媒介，調節各種物質間的關係。靈魂將神聖法則轉化為可感知的「光」，而自然依賴「光」進行運轉。「當靈魂與心智一致時，它創造了光、智慧以及其他美德。」性質不斷在轉化，自然是永恆的變動。

這本書進一步定義了魔法哲學的特點：

1. **逐步發展：**強調魔法是一個通過階段性學習來獲得智慧的過程，魔法師需要，隨著對自然界與宇宙法則的理解逐漸深入，不斷精進自己的知識和技藝。
2. **主動探索：**鼓勵魔法師主動研究宇宙運行法則，積極探索和實驗，不僅僅依賴於古代經典的知識，也要將這些知識轉化為實際行動，進一步推動魔法的發展。
3. **揭示真理：**強調魔法師應具備開放的心態，追求自然與宇宙的真理。儘管魔法在傳統上被認為只能隱密傳授，但《賢者之目的》鼓勵真理的揭示與分享，而非將其長久地隱藏。

《賢者之目的》在星體魔法中具有舉足輕重的地位，融合了多種古老文化和哲學思想，展現出文化包容性，構建了一個相當實用且跨文化的魔法體系。當中的二十八星宿圖及擇時條件，確立了往後許多魔法體系中的基本觀念。

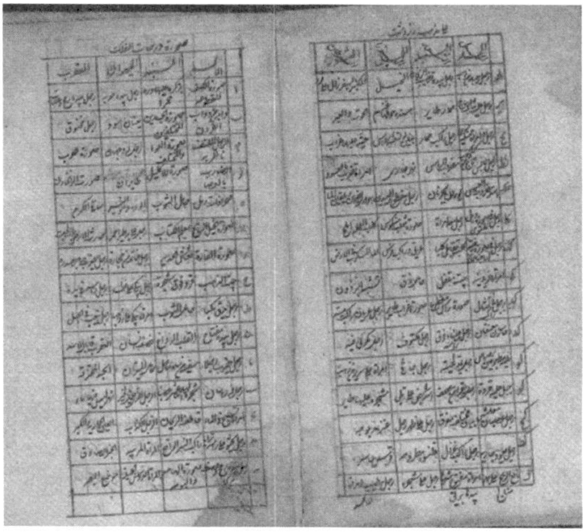

圖二十五　《賢者之目的》，伊朗舒拉委員會的圖書館，約十七世紀。

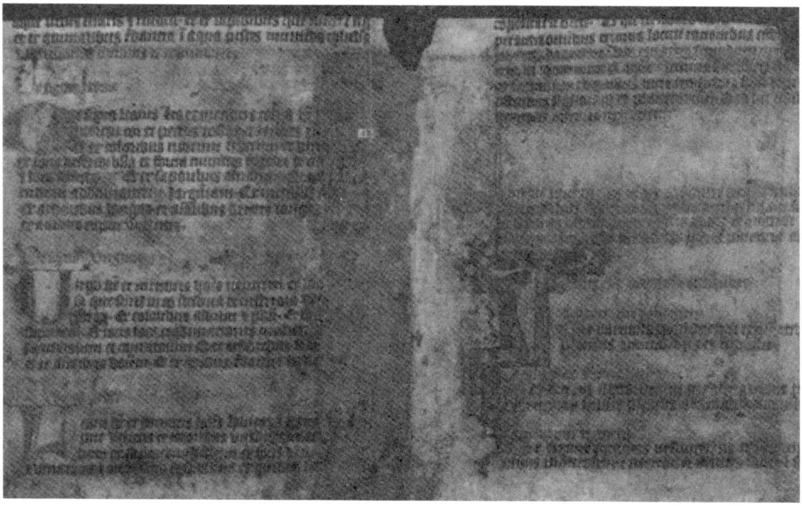

圖二十六　拉丁文版本的《賢者之目的》，十四世紀，藏於斯洛伐克國家圖書館。

《七曜書》

《七曜書》（*Heptameron*）的作者尚有爭議，但普遍被認為是由阿巴諾的彼得（人物介紹請見第36頁）所撰寫。

彼得專攻醫學和哲學，也對阿拉伯和希臘的醫學知識有深入研究，他將這些知識融入到自己的醫學學問中，累積了不少事蹟美名。他曾在帕多瓦大學任教，並寫了多部關於哲學、醫學和占星術的著作。

彼得深諳醫學中理性和經驗的重要性，他認為占星術有助於理解人體的健康和疾病，也實際應用到自身的醫學理論中。然而占星醫療長久以來都因一些因素（如詐欺或誤判）飽受爭議，加上他試圖將亞里斯多德的哲學與基督教教義相融合，恰好背離了當時代的主流立場，時常需要為自己辯護。他被視為邪門異端卻也聲名大噪，甚至兩度受到宗教法庭審判。

《七曜書》約在十六世紀出版，雖然以時序推斷是由彼得所著合情合理，但仍然缺乏直接證據。即便如此《七曜書》依舊常被冠上彼得的名字，實在是因為他這號人物的豐功偉業太多，名聲太響亮了！

一、《七曜書》的魔法圈

《七曜書》描述了召喚以及控制天使與惡魔的儀式和符印，透過擇日、祈禱、淨化、進行召喚與呼請特定靈體，來製作護身符。

以魔法圈為例，具體而言是擇時配合禱告的一種儀式。

魔法圈涉及召喚和命令，強調神聖的力量能使靈體無法反抗，例如以下禱詞：

「Et subito videbis eos in pacifica forma: et dicent tibi, Pete quid vis, quia nos sumus parati complere omnia mandata tua, quia dominus ac herus nos subjugavit. Cum autem apparuerint Spiritus, tunc dicas, Bene veneritis Spiritus, viri reges nobilissimi, quia vos vocavi per illum cui omnes genu flectunt, coelestium, terrestrium et infernorum: quis in manu omnia regna regum sunt, nec est qui suae contrarious esse possit Majestati. Quatenus constringo vos, ut hic ante circulum visibiles, affabiles permaneatis, tamdiu tamque constantes, nec sinam licentia mea recedatis, donec mea sine fallacia aliqua et veraciter perficiatis voluntatem, per potentiam illius virtutem, qui mare posuit terminum suum, quem praeterire non potest, et lege illius potentem, non perirant fines suos. Dei scilicet altissimi, regis, domini, qui cuncta creavit, Amen.」

大意為：「*我命令你們，留在這個圓圈內，顯示並保持你們的形態，直到我不再懷疑你們的誠信，並相信你們以正直的心靈完成我的意志。憑藉祂那至高無上的力量，任何人都無法逃脫。願個命令永遠得以執行。阿門。*」

魔法圈的結構可分為四個同心圓，最內圓中則有十字。魔法圈的文字由內而外閱讀。圖二十七為《七曜書》中一個非常有名的魔法圈，圓周刻有神聖名字、天使的 名字以及與星體相關的符號印記，並對應了特定的時間。

圖二十七　《七曜書》中一個非常有名的魔法圈。

1. 第一個圓圈：

最內圈的文字，來自希臘字母表的「第一個」字母 α 或 A（Alpha）和「最後一個」字母 ω 或 Ω（Omega），通常象徵上帝的全能與永恆，源自聖經《啟示錄》1:8、21:6 和 22:13。

「*Ego sum Alpha et Omega, dicit Dominus Deus, qui est, et qui erat, et qui venturus est, Omnipotens.*」8

內圈上的et是拉丁文的「和」、「以及」。簡譯為「我是 Alpha 也是 Omega，初亦是終。」

2. 第二個圓圈：

在被內圓十字一併分割成四個角落的地方各寫了一些文字。

Adonay

又作「Adonai」，源自希伯來語「אָדֹנָי」，意思是「主」，是猶太人用來稱呼上帝的名字之一，為了尊其神聖，一般來說會避免直接使用「YHWH」這個神聖名。

Elyon

源自希伯來語「עֶלְיוֹן」，意為「至高者」，是用來形容上帝至高無上的名稱。

Tetragrammaton

源自希臘語，意為「四個字母」。「τετρα」（tetra）的意思是「四」;「γράμμα」（gramma）意思是「字母」或「書寫的符

8 拉丁文（武加大譯本）。

號」，合在一起便是「τετραγράμματον」（tetragrammaton），指《聖經》中，猶太人特別用來表示上帝的神聖名稱，由四個希伯來字母「יהוה」（Yod-Heh-Vav-Heh）構成，亦即「YHWH」，通常被稱為「四字神名」。

Agla

源自希伯來語短語「אַתָּה גִּבּוֹר לְעוֹלָם אֲדֹנָי」（Atah Gibor Le-olam Adonai）的首字母縮寫，意為「主啊，你是永遠強大的」。「אַתָּה」（Atah）：你（指上帝）;「גִּבּוֹר」（Gibor）：強大、有力；「לְעוֹלָם」（Le-olam）：永遠、直到永恆；「אֲדֹנָי」（Adonai）：主，這是上帝的尊稱之一。

3. 第三個圓圈：

這一圈記錄著天使名稱、符印等資訊，必須按照季節、星期、小時去查詢對應的天使以及記號後，再繪製上去。也因此每一個魔法圈，都是客製化的，書上提供了範例與製作條件，而魔法師要按照自己的用途去設計專屬的儀式魔法圈。

4. 第四個圓圈：

最外圈「Varcan Rex」作為太陽日（週日）的主宰，與太陽相關的靈體通常在神祕學中掌管光明、創造力、權力和領導力。

作為太陽的統治者，Varcan 的角色可能是在召喚儀式中賜予儀式者這些力量。Tus、Andas、Cynabal 則被描述為太陽的下屬，可能在儀式中負責特定的領域或職責來協助 Varcan，這些名字在魔法文本中常與週日相關的儀式和召喚有關。圖二十八為十九世紀英國魔法書引用《七曜書》之魔法圈。

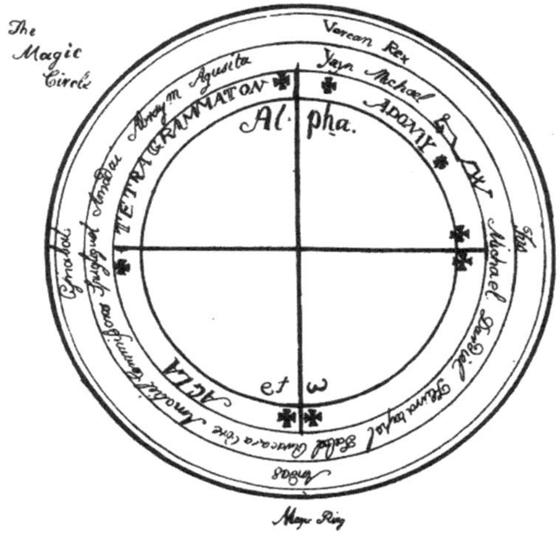

圖二十八　西元一八〇一年由英國神祕學者法蘭西斯・巴雷特（Francis Barrett，西元一七七四－一八三〇年）所編的神祕學著作《魔法師》（*The Magus/Celestial Intelligencer*）。巴雷特是一位十九世紀英國的魔法學者和煉金術師，對復興古老的神祕學知識有著濃厚的興趣， 特別是西方魔法、煉金術、占星術及卡巴拉等領域。藉由此圖可看出 《七曜書》帶來給後世魔法書的具體影響。

在《七曜書》中，魔法圈的設置承載了重要的儀式意涵。

圈內書寫了天使、各方靈體，以及季節、日期、時辰所對應的守護天使之名。這些名字的安排必須與儀式的需求有關，才能夠為召喚儀式提供靈體的守護與支持。在施展召喚的過程中，魔法圈內的每個名稱、符號都有其特殊的功能與意義，這些靈體的力量共同形成了強大的保護與控制力，使儀式得以順利進行。

二、六芒星護符

請參考圖二十九，「XPUS」來自希臘文「XPIΣTOΣ」拉丁化後的前兩個字母 X（Chi）和 P（Rho），代表耶穌的名字；「US」來自拉丁語的尾部，通常用於表示「Jesus」或「Salvator」（救主），象徵耶穌基督作為救主的神聖角色。這個符號稱為「Chi-Rho」，是早期基督教中用來代表耶穌基督的重要標誌，象徵基督教信仰中的保護與救贖力量。

六芒星也是護符常見的形狀，在神祕學和宗教符號學中，它代表天與地的結合（上三角與下三角），以及陰陽力量的調和，象徵宇宙的和諧與平衡。

護符的使用方式有具體的條件，特別是在服裝、日期和製作方式上皆有詳細的規定。

1. 服裝條件

穿著：應選擇乾淨整潔的亞麻製品，這象徵著儀式的神聖性和使用者的純潔。

2. 日期和時間條件

日期：必須在「水星日」（週三）製作，這與占星術中水星的影響力（智慧、溝通及魔法力量）有關。

時間：必須在「水星時辰」進行製作，即一天中與水星相關的時刻（通常是太陽升起後的一小時內）。

月相：必須在「盈月」期間製作。盈月象徵著力量和能量的巔峰，這個時間點被認為有助於增強魔法儀式的效果。

3. 製作方式

材料：應選擇羊皮紙來製作，且最好是「山羊皮」所製的羊皮紙，這種材料常用於各種魔法儀式，具有特殊的魔法屬性且耐於保存。

儀式準備：在製作護符前，必須先進行祈禱，在護符上灑上聖水，表明護符的製作和使用，要得到神聖力量的祝福和保護。

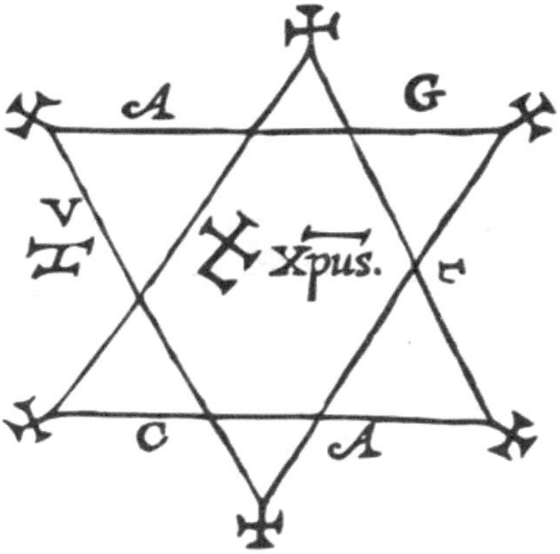

圖二十九　《七曜書》中的六芒星護符。

圖三十　《七曜書》手稿編號 Ms. Codex 1679 第 58 頁。

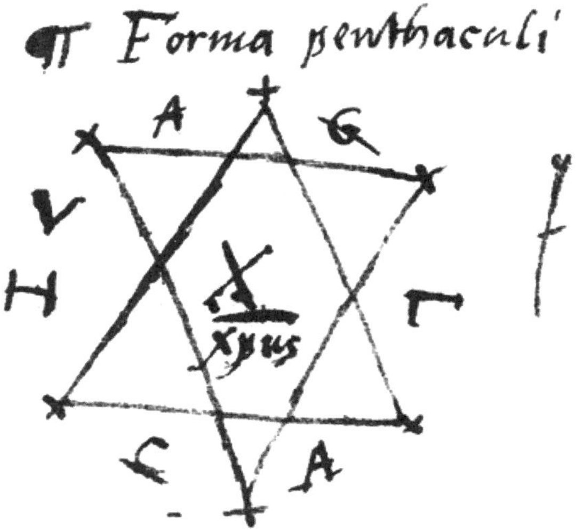

圖三十一　Ghent 手稿（1021A 136r）的局部。

《七曜書》基於古代占星學的思想，認為每一行星日和行星時辰都具有特殊的力量，可以透過與天體的對應來加強儀式的效果。書中詳細描述了如何在特定的行星日，根據行星的週期、不同的天體影響來安排魔法儀式，儀式中需要顧及與某個行星相關的守護天使、靈體及其附屬。與天體的結構一致，天體靈體分為不同的層次和職責，每個行星日都有一位主宰，並且由多位靈體（天使和附屬）輔助，共同管理特定行星的力量。這樣的層次結構使得書中的魔法體系充滿了星體的象徵和影響。通過這些被認為掌管著行星力量的靈體，施術者可以與天體力量相連接，獲得想要的結果，也是《七曜書》在本書中被歸納為星體魔法代表作的原因。

《何諾流斯受誓書》

《何諾流斯受誓書》(*The Sworn Book of Honorius*)普遍被認為於十三世紀前半葉成書,但不僅成書日期有爭議,連作者的身分都成謎。書名的何諾流斯(Honorius)並非教皇何諾流斯三世,只是個化名。何諾流斯有著「歐幾里得之子」的稱號。歐幾里得(Euclid)是古希臘著名的數學家,常被視為知識和智慧的象徵,何諾流斯自稱為其子可能是一種象徵性的說法,用來增添其神祕性和智慧的形象,強化他在魔法領域中的權威性。

何諾流斯之名也曾出現在其他中世紀魔法文獻裡。如特里特米烏斯在其著作《多重書寫術》中提到過「底比斯的神祕字母系統」,該系統雖非何諾流斯所創,但在後世魔法文獻中常與何諾流斯的名義相關聯。底比斯字母至今仍在部分現代巫術和神祕學團體中被使用,常用於記錄和保密魔法儀式,可參考專欄「魔法書中的神祕字母」。

《何諾流斯受誓書》收錄了許多獨立的咒語,以中世紀的科學和神學作基礎,提供了一套完整的魔法修習系統。書中的儀式呈現出高度一致的框架,其重點是為了追求神視(beatific vision),讓魔法師能接觸神性與神聖智慧,獲得精神和物質層面的利益。

儀式中使用的工具和要素包括祈禱、咒語、印章、劍、魔杖、魔法圈、神聖名號,以及天使和惡魔的名字,這些元素的共同作用能幫助執行者達到靈性和現實層面的目標。

一、《何諾流斯受誓書》的內容由來

《何諾流斯受誓書》受到多種文化影響，如：

1. **基督教影響：**文本中包含許多基督教的祈禱和儀式流程紀錄，如《使徒信經》和《亞他那修信經》[9]，並引用了傳統的基督教儀式。

2. **猶太影響：**文本中也有一些猶太元素，包括七大行星的力量，以及神聖名稱的魔法用途。這些概念與中世紀的猶太拜占庭魔法文本高度雷同。

3. **拜占庭影響：**文本顯示出對希臘東正教禮儀的高度關係，行星靈相關上章節可能源自於希臘。

由此可見《何諾流斯受誓書》並非簡單的魔法咒語集合，而是一個綜合的魔法系統，旨在透過魔法手段直接與神聯繫，並獲得各種精神和物質的利益。

9　《使徒信經》（*Apostles' Creed*）和《亞他那修信經》（*Athanasian Creed*）是基督教傳統中的兩個重要信經，主要用來陳述基督教信仰的重點內容，特別是在天主教、東正教和大多數新教教派中。《使徒信經》的內容聚焦於基督教的基本信仰，包括：三位一體的信仰（聖父、聖子、聖靈）、耶穌基督的道成肉身（受難、復活和升天）對教會的信仰和永生的盼望。《亞他那修信經》的兩大主題是：三位一體教義（詳細描述了聖父、聖子和聖靈在神性上的同等地位）、基督論（強調耶穌基督既是真正的神，又是真正的人，兩性完整地結合於一位基督之內）。

二、《何諾流斯受誓書》的種種祕傳限制

為避免持有者成為宗教迫害的目標，該書設置了幾項極為嚴苛的秘傳門檻，意在保護書中的神祕知識不被輕易外傳或濫用。這些要求如下：

1. 保密誓言

限制傳授：要求持有者不得將書傳授給任何人，除非是即將臨終的師父才可以傳給弟子。

控制數量：每位持有者只能製作三份副本，且僅限於三人內部傳遞。

性別限定：這本書不得傳授給任何女性。

品行要求：必須是經過為期一年的嚴格觀察，確認其品行高尚且對此魔法知識忠誠可靠的成年男性。

2. 遺囑和處置

若無合適的繼承者，持有者不得毀壞書籍，應將其埋藏於自己的墳墓中，或選擇清淨且尊貴的地方埋藏，並對該地點保密。

3. 誓言的傳遞

持有者在傳授書籍時，需確保接受者也同樣遵守這些誓言，包括在需要時為這些教義而不惜犧牲自己生命的承諾。

三、上帝之印

圖三十五為「上帝之印」，其中的符號和結構有：

1. **五芒星：**位於中心，是常見的魔法符號，代表保護和平衡。

2. **七邊形：**圍繞著五芒星，表示七個秩序、七個聖禮、創世七天的神話。

3. **上帝的名字：**在圖中的不同位置可以看到上帝的名字和神聖符號，如 El、Shaddai、Adonay 等。

4. **天使和惡魔的名字：**被用來在儀式中召喚和控制靈體。

Seal of God, reconstructed based on Summa and text of Honorius

圖三十五　上帝之印。

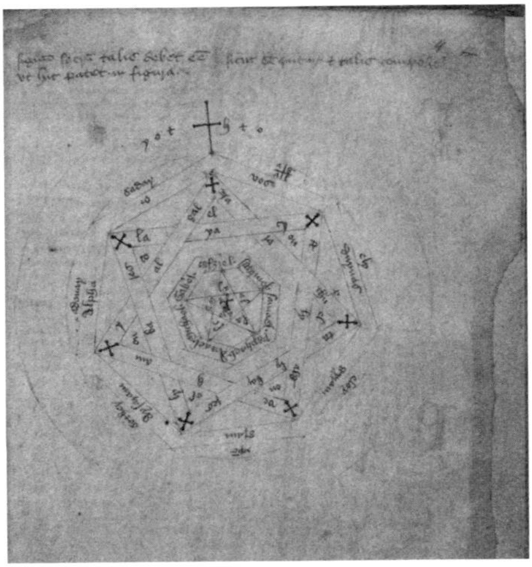

圖三十六　手稿 Sloane MS 313 的歷史可追溯至十四世紀末或十五世紀初，曾由約翰・迪伊擁有。

魔法書中的神祕字母

底比斯文字曾用於書寫威卡魔法書籍《影之書》，加德納是一名英國作家、神秘學者和魔法實踐者，也是將威卡引入現代西方文化的重要人物。早期他對神祕學和異教信仰產生了濃厚的興趣，並積極研究當時流行的神祕學和隱祕知識，例如共濟會、黃金黎明協會等組織的思想。將巫術、魔法、自然崇拜結合起來，並強調對多神信仰和自然力量的尊重。

他的筆記《影之書》（*Book of Shadows*）記載了威卡咒語、儀式、儀軌以及神祕知識，隨著威卡傳入美國後，受到新時代靈性主義、女性主義等潮流影響迅速擴散，廣受各族群喜愛，坊間許多威卡書籍推薦使用底比斯字母或其他神祕系統字母來書寫「影之書」以此賦予威卡系統的神祕性。「影之書」而今成為魔法師與神祕力量互動的靈性日記、儀式記錄本、魔法筆記與個人聖典之代稱。關於底比斯字母，由於這套字母對大多數人來說較陌生，使用者必須集中精神去書寫和閱讀，因此被視為有助於提升咒語的效果 。此外，加德納深受神祕學團體（如黃金黎明協會）的影響，這些團體也經常使用類似的符號和密碼系統 。

為何使用神祕字母?

增強專注與意圖

神祕字母（例如底比斯字母）並不是大眾熟知的書寫系統。當使用者在書寫和閱讀時，必須集中精神去理解和轉換這些符號，進而能幫助實踐者進入一個更專注的心靈狀態。

保護神祕知識

提高訊息的複雜度，能有效保護書中的神祕知識。在歷史上，巫術和魔法在歷史上經常遭到迫害，因此使用難以理解的符號來記載這些知識能夠更加隱蔽有安全性。

強化神祕性

神祕字母賦予文本一種獨特的神祕氛圍，能使書寫者與閱讀者感受到神聖性，且提高儀式的尊榮感。

與智慧的連結

神祕字母的使用能夠讓人更感受到與古老神祕學智慧的連結，並從中汲取力量。

象徵性的力量

底比斯字母源自中世紀歐洲的神祕學，並與一系列神祕象徵有關。這些字母的書寫不僅僅是文字的轉換，它們還承載著魔法的象徵意義。

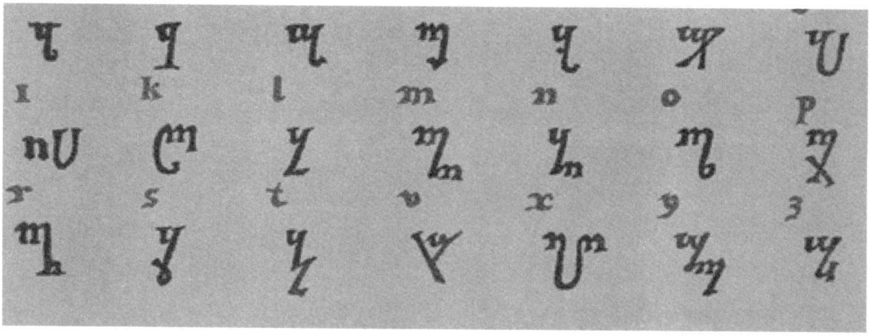

圖三十二　特里特米烏斯的《隱寫術》。

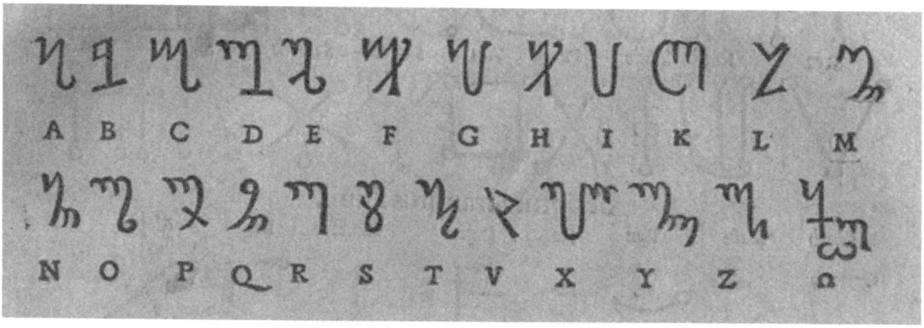

圖三十三　阿格里帕《神祕哲學三書》中的魔法字母。

圖三十四　法蘭西斯・巴雷特的《魔法師》中的底比斯字母表。

《教皇何諾流斯的魔法書》

《教皇何諾流斯的魔法書》（*Grimoire of Pope Honorius*）與教皇何諾流斯三世無直接關聯，它是一部十七世紀的魔法書。十七世紀的魔法書無論在製作和使用上，都變得更加系統化。當時的教會為了維護正統信仰，編寫出了這本系統化的宗教工具書，為信徒提供有效的驅魔手段，來對抗當時廣泛存在的異端思想和魔法活動、保護信徒並鞏固其在精神和魔法領域的權威。書中包含多種儀式和咒語，詳細介紹了召喚和操控靈體的步驟，特別是惡魔和天使的召喚，能幫助驅魔師在進行驅魔儀式時，保護自身並有效驅逐惡靈。

《教皇何諾流斯的魔法書》產生的影響[11]：

結構與儀式的相似性

本書與《何諾留斯受誓書》都詳細描述了如何進行靈體召喚儀式，包括具體的步驟、咒語和魔法符號的使用。且都強調了儀式前的準備工作，如淨化心靈、禁食以及穿戴儀式服裝。

宗教背景

該書強烈體現了當時的宗教背景，經常提及聖父、聖子、聖靈、聖母瑪利亞以及眾天使和聖徒的力量。而《所羅門的大鑰匙》同樣顯示出基督教的影響，儘管書中聲稱與所羅門王有關，但其實際內容更多反映了中世紀與文藝復興時期的基督教神祕主義。

內容來源

該書中有許多元素可追溯到更早的宗教和魔法文本，例如《七曜書》和阿格里帕的作品。這些元素對後來的《真實魔法書》（*Grimorium Verum*）和《紅龍》產生了深遠影響。

---

14 David Rankine, Pope Honorius, *The Great Grimoire of Pope Honorius III*,2000.

驅魔儀式

驅魔儀式準備工作

懺悔與聖餐

施法者需要先進行懺悔並領受聖餐，這是一種靈性淨化的過程，有助於施法者準備好進行神聖的儀式。

三天禁食

儀式前需禁食三天，期間只能食用麵包和水，以示對上帝的依賴與謙卑。

精神準備

儀式要求施法者抱持謙卑的心態，儀式的成功仰賴於上帝的全能，而非個人意志。

穿戴儀式服裝

施法者必須穿上神聖的祭衣（surplice）和聖帶（stole），並準備祝聖過的蠟燭，來象徵神聖光芒的保護。

四方敬禮

步驟

施法者需從東方角開始，依次對四個方位（東、南、西、北）鞠躬，並誦讀特定的咒語，以召喚靈體。這些咒語多以拉丁語進行，從而為儀式增添了神祕感和力量。

召喚靈體

咒語

使用神聖的名義召喚靈體，這些咒語多數涉及惡魔的召喚，而非單純的天使召喚。

恐嚇與威脅

如果靈體不服從，施法者會威脅將祂們投入硫磺的火焰中陷入永劫，以強化儀式的控制效果。

聖化魔法書

這是將書籍變成法器的流程。在翻開書籍前，必須對其分別舉行對應聖父、聖子、聖靈的彌撒儀式。誦讀特定咒語以證明書籍的有效性。

魔法圈的使用

魔法圈在儀式中是施法者的保護屏障，施法者需在圈內完成所有儀式步驟，以防被召喚的靈體傷害，確保自身安全。

來自黑公雞的提醒

這隻黑雞出自《教皇何諾流斯的魔法書》第八頁的內容，下方的文字「Coq noir indiqué page 8」，意為「第八頁指示的黑雞」。

圖三十七　《教皇何諾流斯的魔法書》中的黑雞。

書中原文「*crainte que peut avoir occasionné un tas d'essais sans fruits, étant faits hors de saison, ou sur indices imparfaits.*」，大意是在缺乏完整線索及不合時宜的情況下所執行的一連串無果試驗，可能會引發恐懼。

法文的「公雞」（Coq）是一種警告，黑雞的插圖可能是一種象徵，代表著強大的魔法力量和警覺性，提醒讀者在進行魔法操作時保持警覺謹慎，並且應使用合適的象徵物和正確的方法，遵循正確的步驟避免失敗。第八頁提到的恐懼和無果的嘗試，可能是因為缺乏適當的時機或不完善的證據。

黑色象徵神祕、保護和力量，而雞常被用作祭品或儀式中的重要元素，因此黑雞在許多魔法領域中，被認為具有強大的魔法力量。

六芒星護符

在西方魔法中，六芒星與保護、平衡及和諧有關，經常被用作強力的保護符號。

IHS：中心的字母源自拉丁文「Iesus Hominum Salvator」，意為「人類的救主耶穌」，是耶穌會的標誌，經常出現在基督教神祕學和宗教文獻中。在更早期基督教中，「IHS」是耶穌希臘名字「Ἰησοῦς」（Iēsous）的前三個字母的縮寫形式。

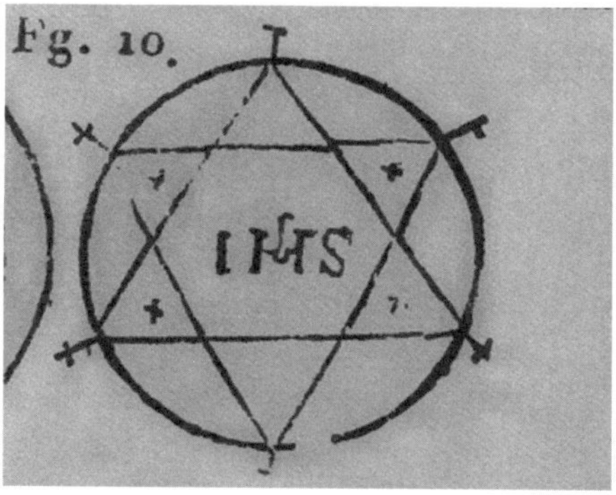

圖三十八　《教皇何諾流斯的魔法書》中的六芒星。

所羅門魔法的文稿

所羅門魔法（Solomonic Magic）是一種複雜且歷史悠久的魔法系統，其根源可以追溯到多種古代魔法和文化影響。主要來源包括希臘化埃及魔法、猶太魔法與拜占庭魔法文本。

一、歷史背景與文本分類

《所羅門的小鑰匙》並非單一文本，是由五個部分組成，分別是惡魔召喚術的《哥耶提亞》（*Goetia*）、天使與靈體召喚術的《召靈之術》（*Theurgia Goetia*）、行星與占星魔法的《星辰技藝》（*Ars Paulina*）、靈性與天界召喚的《蠟版術》（*Ars Almadel*）和祈禱智慧儀式的《諾托利亞祈禱書》。這些文本主要是對所羅門魔法傳承的補充與擴展，尤其側重於不同類型的召喚技術與分類系統。

相比之下，《所羅門的大鑰匙》則被視為一部更早期、更初始的文本，提供詳細的儀式準備、工具製作與使用指導，內容體系完整，因此傳統上被視為「大鑰匙」。

「大鑰匙」的內容是早期流傳的重要魔法知識，重點在於較為儀式化和傳統的魔法技巧紀錄，內容相對簡潔，聚焦於神聖護符、咒語、和基本儀式。而「小鑰匙」則是在後期編纂而成，包含更詳盡的惡魔名單與召喚儀式，反映了中世紀晚期及文藝復興時期對惡魔學的探究。

雖然名稱上的「大」和「小」可能會被誤解為地位或重要性上的差異，但它們實際上代表的是編纂時期與內容風格的不同。

二、所羅門魔法的由來

1. 希臘化埃及魔法

希臘化埃及的魔法文獻，特別是希臘魔法紙草書（*PGM, Papyri Graecae Magicae*）的許多魔法用詞，對所羅門魔法有著深遠的影響。在這些文獻中，大多數從亞歷山大港猶太人那裡借用的魔法名稱（如「Adonai」和「Elohim」），仍持續保存完整至今；許多如「IAO」這樣關鍵的魔法名稱（nomina magica），在後世的魔法書籍中依然持續使用至二十世紀。這些希臘化埃及的魔法包括威脅靈體、使用護身符或在地上劃圈進行保護等，即便咒語的措辭有變化，仍保留了這些基本的魔法技術。

2. 猶太魔法對所羅門魔法的影響

猶太魔法對所羅門魔法的貢獻主要體現在以下幾個方面：

(1) **神的名字：**如IHVH（耶和華）、Sabaoth（萬軍之主）、Adonai（我的主）和Elohim（以羅欣）等神聖名字在猶太魔法與卡巴拉當中具有強大的力量，廣泛應用於所羅門魔法的儀式和咒語中，以強調神聖名字在儀式中召喚天使和靈體的重要性。

(2) **天使和惡魔的名字：**許多天使和惡魔的名字來自猶太魔法和卡巴拉，尤其是四大天使之名（米迦勒、加百列、拉斐爾、烏列爾）在卡巴拉文獻和所羅門魔法中頻繁出現。此外，猶太魔法中的惡魔名字也影響了《所羅門的小鑰匙》中的惡魔名錄，這些名字在召喚和控制儀式中扮演重要角色。例如莉莉絲（Lilith）在猶太文化傳說中是位女性惡魔角色。

(3) **油魔法和碗占卜：**在猶太魔法中用來與靈體溝通，它們影響了《水占術》，進而影響了之後的魔法書籍。這些技法在某些所羅門魔法中出現過，例如使用油與水的結合來創造反射面，進行占卜或預測未來。

(4) **五芒星：**可能來自古希伯來和其他猶太魔法，它們的形狀和象徵意義隨著時間和文化背景有所變化。在所羅門魔法的不同版本中，五芒星作為一種強而有力的保護符號，在儀式中能防護施法者不受靈體傷害。

3. 拜占庭所羅門魔法

《水占術》是完整的拜占庭所羅門魔法文本之一。現存的手稿最早可追溯至西元一四四〇年，但本文中的某些名字，如提豐邦（Typhonbon）、薩拉皮迪（Sarapidie）、阿皮歐斯（Apios），可能與希臘化埃及的神祇相關，顯示出亞歷山大港文化和希臘魔法莎草紙書的影響，有鑒於此可推測其內容可能來自西元一至二世紀。

拜占庭的古希臘經典文本，在十世紀開始，主要通過兩條路徑傳到西方拉丁世界[12]：

⑴ **阿拉伯文本的翻譯：**通過加泰隆尼亞、西班牙北部和南法國的翻譯者（如托萊多的翻譯學院），將阿拉伯語文獻翻譯成拉丁文。這些文獻包括大量的占星術、煉金術和魔法知識。

⑵ **拜占庭－威尼斯－南義大利的直接傳播：**透過拜占庭帝國的手稿，這條路徑特別促進了希臘魔法文本、占星術、風水和星體魔法的傳播。

4. 著名的所羅門魔法文本

所羅門魔法存在眾多不同版本的手稿，主要以法文、拉丁文和義大利文來編寫。這些手稿可以根據其章節結構、內容以及聲稱的作者或譯者分為不同的文本組別，它們的多樣性和廣泛存在，顯示了其在中世紀和文藝復興時期的重要性及對魔法系統的深遠影響。

透過複雜的歷史傳播路徑，所羅門魔法融合了希臘化埃及、猶太和拜占庭魔法，這項綜合的魔法技術和知識仍然保留並延續到現代。了解這些來源、傳播和發展過程，有助於我們研究與應用所羅門魔法。

---

12 Charles Burnett, *Magic and Divination in the Middle Ages*,1996.

(1)《所羅門的大鑰匙》

最早的起源或許可追溯至中世紀晚期（約十四至十五世紀），但現存的許多版本皆是在十六至十七世紀被重新編輯和出版。該書是西方古典魔法中最著名的文本之一，書中主要描述了如何透過儀式召喚天使和靈體，詳細說明了神聖的名字、祈禱和咒語的使用方式。此外，也系統化地呈現許多神聖魔法工具的創造，如劍、五芒星、香爐和特定材料，以及防護性魔法的操作和製作護符。然而，不同版本的文本之間存在顯著的差異，尤其是拉丁文和希伯來文版本的差別。

拉丁文版本

出現於中世紀後期，尤其在十四至十七世紀間，因印刷技術普及與文藝復興的背景下廣泛流傳，許多法國和義大利等西歐國家的學者及煉金術士們，對其研究的結果又交互影響了這些文本，使其知識流傳的範圍最廣。

希伯來文版本

與拉丁文版本相比較少見，但希伯來文版與猶太教的神祕主義和卡巴拉密切相關。該書在十六、十七世紀流傳到東歐和拜占庭地區的猶太學者社群中，強調神聖名字的正確使用，並常與《天使拉吉爾之書》（*Sefer Raziel HaMalakh*）等猶太魔法書籍一起使用，這些手稿的內容往往更傾向內省，偏重精神和宗教體驗。

後期的影響與改編

隨著印刷技術的快速發展，《所羅門的大鑰匙》在歐洲各地迅速流傳，並逐漸與其他流行的魔法書籍融合。法國、義大利和英國的煉金術士與占星術士，甚至將其與天文學、占星術和醫學等學科相結合，促進了《所羅門的大鑰匙》的知識在文藝復興後期廣泛應用。然而廣泛流傳與跨界交流的情況，也導致了魔法書籍的混編現象，特別是在德國和英國，出現了一些包含《所羅門的大鑰匙》元素的綜合性魔法書，如《三重煉金術之書》(*Tripus Aureus*)。

此外，隨著十八世紀末至十九世紀初期，西方神祕學團體如共濟會和黃金黎明協會的興起，《所羅門的大鑰匙》再次被重新編纂，並成為這些團體中的重要儀式指導文本。二十世紀初，著名的神祕學者阿萊斯特·克勞利（Aleister Crowley）與其他學者通過翻譯與研究，使得這本書再次進入公眾視野，並對現代魔法產生了持久的影響。

⑵《偽所羅門魔王列表》(*Pseudo-Monarchia Daemonum*)

由荷蘭醫生約翰內斯·威爾（Johannes Wier）撰寫的《偽所羅門魔王列表》(或稱《萬魔殿》)，詳細描述了惡魔的召喚與控制方法，並列出七十二個惡魔的名字與其職責。威爾的老師即為《神祕哲學三書》的作者阿格里帕，兩人之間的師生關係對威爾的研究影響深遠。威爾的《關於巫術的欺騙》(*De Praestigiis Daemonum*)不僅列出了惡魔的屬性與職責，還挑戰了當時對女巫的迫害觀念，並試圖在宗教與科學之間尋找平衡。此書與後來的《哥耶提亞》關係密切，成為了中世紀和文藝復興時期魔法研究中關鍵的參考書之一。它對靈體召喚的詳細規範，也對惡魔學研究產生了深遠的影響。

⑶ 所羅門的小鑰匙

大多被認為編纂於十七世紀初，其內容受到惡魔學和占星術的雙重影響，甚至引領了後來的惡魔學風潮。該書由五個部分組成：

《哥耶提亞》：記錄了七十二個據說由所羅門王控制並被迫幫助他完成聖殿建設的惡魔，包含惡魔的名稱、職責、印章及召喚它們的儀式，專注於如何召喚和控制惡魔靈體。

《召靈之術》：研究了那些與空氣和天空有關的「部分善良和部分邪惡」的靈體。

《星辰技藝》：介紹掌管一天中不同時辰和黃道十二宮的天使，並探討如何根據占星術來召喚祂們。

《蠟版術》：描述如何製作 一種蠟製的祭壇（Almadel）來召喚高階天使。

《諾托利亞祈禱書》：專注於通過祈禱和冥想來提升個人的記憶力、獲取智慧和知識。

(4)《所羅門的護符》(*The Pentacles or Seals of Solomon*)

這些符咒的起源可以追溯至中世紀早期，並在後來的版本中不斷被擴充和改寫。通常以五芒星、六芒星或其他神聖符號的形式，被繪製在羊皮紙或雕刻在金屬上，搭配特定的咒語一起使用，也常與《所羅門的大鑰匙》中的其他魔法符號或護符一起使用，能命令靈體按照施法者的要求行動，同時也能保護施法者免受靈體傷害，是施法者保護自身的重要手段。

圖三十九到四十一是帶有所羅門之印的護符捲軸及硬幣。

圖三十九　護符卷軸，十一世紀法蒂瑪王朝（Fatimid Caliphate）。

圖四十　西元一三五一年的土耳其銀幣。

圖四十一　摩洛哥銅幣，正面含所羅門之印。

⑸《所羅門的祕密》（*Secrets of Solomon*）

涵蓋了占卜、儀式魔法、靈體召喚與控制、護符製作以及占星術等相關內容。

《所羅門的祕密》源於十六至十七世紀的魔法系統，受到猶太神祕主義、古希臘－羅馬魔法、埃及魔法以及中世紀基督教儀式的影響。儘管它不像《所羅門的大鑰匙》那樣廣泛流傳，但對魔法與神祕學研究具有一定的重要性。

這本書的一些手稿可能是由多個來源拼湊而成的，有些內容直接借用了其他著名的魔法文本，如《何諾流斯受誓書》、《七曜書》，以及卡巴拉神祕主義中的靈體名錄和咒語。

書中關於魔法操作和靈體控制的具體細節包括：

靈體召喚與控制：通過魔法印章（seals）、護符和咒語召喚並控制靈體。這與《所羅門的小鑰匙》中惡魔學的部分有相似之處，但《所羅門的祕密》記錄了更多實際操作和儀式細節。

護符與符咒：製作與五芒星或其他保護符號結合的護符或符咒，用於防護或達成特定的靈體召喚。

占卜和預測：探討如何通過星體位置、靈體的力量來進行占卜，這些技術與當時流行的占星術密切相關。

魔法工具的使用：講述了如何準備和使用魔法工具，如儀式用的刀、棒、劍、燈和護符等，這些工具在魔法儀式中有特殊的象徵意義和功能。

⑹《所羅門的遺囑》（*Testament of Solomon*）

是一部早期的魔法文本，傳說由以色列王所羅門所著，學者則普遍認為它是西元二至三世紀的偽作。

《所羅門的遺囑》講述了所羅門王如何使用一枚由天使米迦勒交給他的魔法戒指來控制和奴役惡魔，並命令祂們幫助建造耶路撒冷的聖殿。據說這枚戒指刻有神祕的符號，能賦予所羅門王控制惡魔的力量。最早的手稿為希臘文，並且帶有明顯的希臘化埃及魔法特徵。此書的多個版本在中世紀和文藝復興時期，以希臘文、阿拉伯文、拉丁文以及其他語言流傳。文本融合了猶太教、基督教以及異教的元素，並且經常被納入後世的驅魔文獻中，如《所羅門之約》[13]。

魔法陣與護符

在所羅門文獻中，能見到許多魔法陣與護符。其中包含了記錄每個行星符號所對應天使名稱的列表（圖四十二、四十三），以及關於如何利用星象和對應天使名稱來施作魔法的儀式（圖四十四）。圖四十四中的第十六節，關於捕魚魔法的敘述中，「noia Angelorum Aquarii」的意思是「念出對應水瓶座的天使名稱」，而非直接列出該天使的名稱，多數魔法書都會預設讀者已經熟悉某些基本咒語，或能從其他來源，如《七曜書》或《賢者之目的》這類的占星魔法書裡找到正確的念誦方式。第十七節，則描述了如何使用蠟像、火星與土星力量的占星符號，結合對應的天使名稱，來進行針對敵人的詛咒儀式。

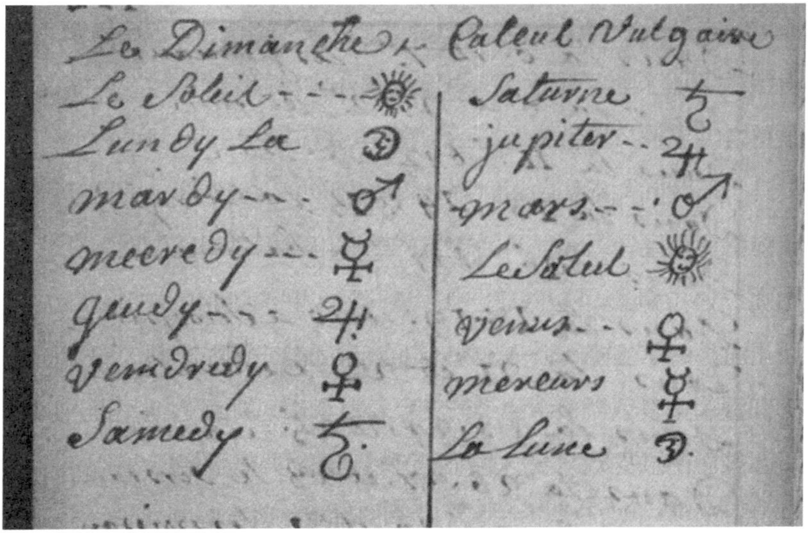

圖四十二　手稿 Welcome MS.4660 中的行星符號對應天使。

13　*The Testament of Solomon*, F.C. Conybeare, 1898.

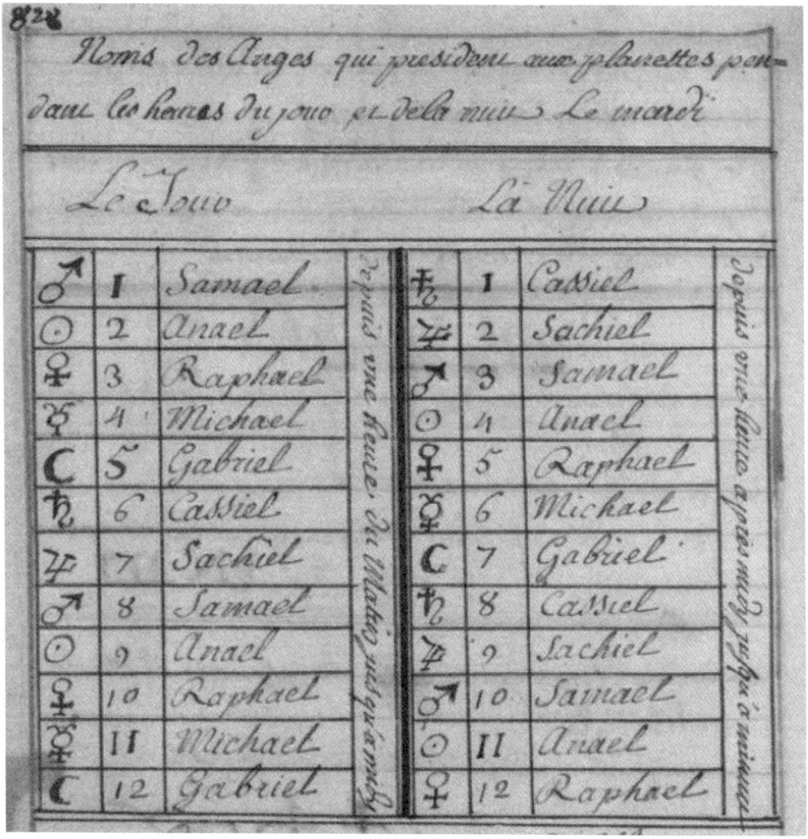
828

Noms des Anges qui presidens aux planettes pendant les heures du jour et dela nuit Le mardi

Le Jour				La Nuit			
♂	1	Samael	depuis une heure du Matin jusqu'à midy	♄	1	Cassiel	depuis une heure apres midy jusqu'à minuit
☉	2	Anael		♃	2	Sachiel	
♀	3	Raphael		♂	3	Samael	
☿	4	Michael		☉	4	Anael	
☾	5	Gabriel		♀	5	Raphael	
♄	6	Cassiel		☿	6	Michael	
♃	7	Sachiel		☾	7	Gabriel	
♂	8	Samael		♄	8	Cassiel	
☉	9	Anael		♃	9	Sachiel	
♀	10	Raphael		♂	10	Samael	
☿	11	Michael		☉	11	Anael	
☾	12	Gabriel		♀	12	Raphael	

圖四十三　手稿 Welcome MS.4660 中的行星符號對應天使。

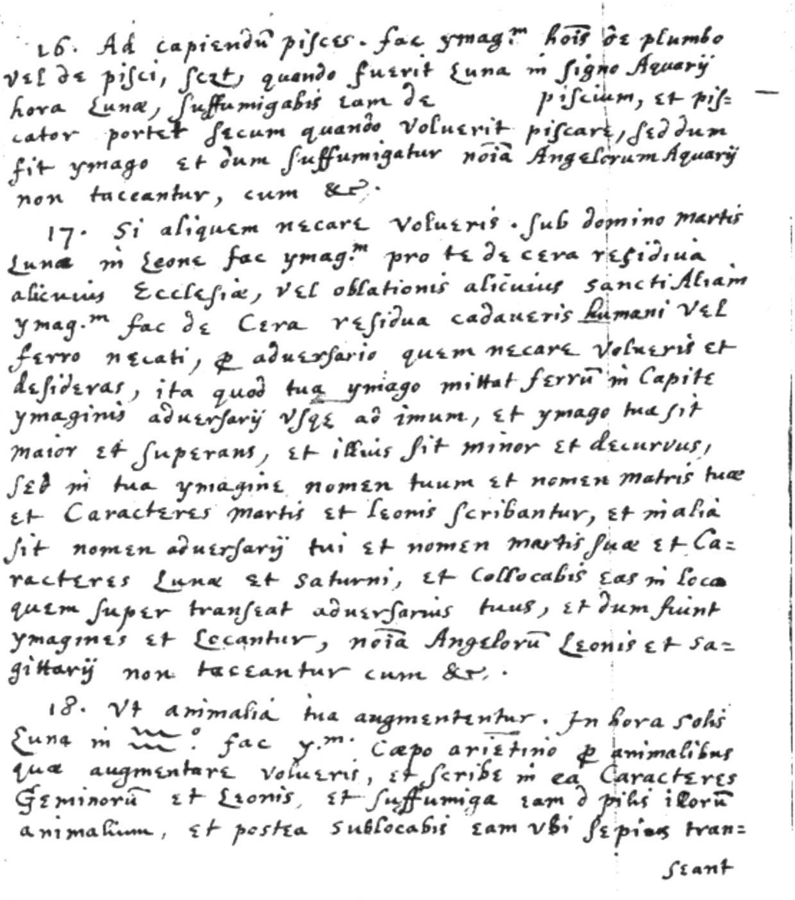
16. Ad capiendū pisces. fac ymag.m hoīs de plumbo
vel de pisci, scz, quando fuerit Luna in signo Aquarij
hora Lunæ, suffumigabis eam de piscium, et pis=
cator portet secum quando voluerit piscare, sed dum
fit ymago et dum suffumigatur noīa Angelorum Aquarij
non taceantur, cum &c.
17. Si aliquem necare volueris. sub domino martis
Lunæ in Leone fac ymag.m pro te de cera residua
alicuius Ecclesiæ, vel oblationis alicuius sancti Aliam
ymag.m fac de Cera residua cadaueris humani vel
ferro necati, pro aduersario quem necare volueris et
desideras, ita quod tua ymago mittat ferrū in Capite
ymaginis aduersarij vsque ad imum, et ymago tua sit
maior et superans, et illius sit minor et decurvus,
sed in tua ymagine nomen tuum et nomen matris tuæ
et Caracteres martis et leonis scribantur, et in alia
sit nomen aduersarij tui et nomen martis suæ et Ca=
racteres Lunæ et saturni, et collocabis eas in loco
quem super transeat aduersarius tuus, et dum fiunt
ymagines et Locantur, noīa Angelorū Leonis et Sa=
gittarij non taceantur cum &c.
18. Vt animalia tua augmententur. In hora solis
Luna in ♒. fac y.m Cæpo arietino pro animalibus
quæ augmentare volueris, et scribe in ea Caracteres
Geminorū et Leonis, et suffumiga eam de pilis illorū
animalium, et postea sublocabis eam vbi sepius tran=
seant

圖四十四 《所羅門的大鑰匙》，手稿 Sloane 3847，講述各種魔法的施作方式。

為什麼不用雙魚座來捕魚呢?

《所羅門的遺囑》手稿中以月亮在水瓶座的星象與天使施展捕魚魔法，但為何不用雙魚座呢 ？我們可以從捕魚的儀式中，分析其背景因素：

神話的象徵

雙魚座與愛神阿芙蘿黛蒂（Aphrodite）和其子厄洛斯（Eros）的故事有關。希臘神話故事中，他們曾在逃避巨人提豐（Typhon）的追捕時，化身為兩條魚並跳入河中逃脫。魚在遭受威脅時會迅速游走以躲避危險，這樣的自然行為使得雙魚座的神話意象更加傾向於「自我保護」和「逃避」的特質，而非捕獲或控制魚群的能力。

水瓶座與蓋尼米德（Ganymede）的神話有關。他是以美貌著稱的特洛伊王子，後來被宙斯帶到奧林帕斯山，成為專為眾神倒水的侍者。因此，水瓶座的符號是一名持瓶將水倒出的侍者形象。捕魚儀式期盼增進對水中生物的控制或影響，為眾神供水服務涉及到「水的流動與控制」，這種「操控水」的意象顯然更符合儀式的主題。

另外，水瓶座在巴比倫星座中，也與代表著智慧、掌管淡水和生命賦予者的蘇美神話水神恩基（Enki）有關，進一步強化了水瓶座作為「控制水」的角色，可能比雙魚座的象徵更加適合捕魚儀式。

魔法的質性

1. 水是魚的自然棲息地。使用水瓶座可能是強調捕魚儀式中象徵「水的力量」，選擇環境的力量而非魚本身。

2. 水瓶座在占星術中屬於風象星座，與智慧、創新和非傳統的力量相關。捕魚活動可能需要某種特別的智慧或能力，這些能力與水瓶座的特質更匹配。換句話說，捕魚的目標不是依賴魚的象徵（雙魚座），而是依賴一種智力或技術的干預（來自水瓶座的象徵力量）來操控魚群。

雙魚座雖然本身就是兩條魚的符號，但它在占星學中常被認為是一個與靈性和情感有關、被動的、夢幻的星座。這意味著雙魚座可能更適合靜態的內省和感知，與實際的「捕魚行為」沒有直接關係，相較之下，水瓶座侍者主動的「倒水」可能更符合捕魚這種需要操作和行動的儀式。

3. 文本作者認為在捕魚活動中，水瓶座的天使具有特殊的力量或能力來控制水中的生物，中世紀或文藝復興時期的魔法是根據具體的天使或星座的力量來進行操作，而非單純依賴星座的象徵。

現實的考量

從季節和農林漁牧的背景來看，水瓶座所掌管的時間（1月20日至2月18日）在歐洲的許多地區屬於冬季的末尾，這確實是一個捕魚相對困難的時期。冬季的氣候寒冷，河流、湖泊甚至海洋的部分水域可能因低溫結冰而影響漁業活動，特別是在捕魚技術和設備相對簡陋的中世紀歐洲，因面臨諸多限制從而發展出能「突破自然限制」的魔法儀式。中世紀的魔法常常試圖通過超自然力量來解決人們面對的現實問題——比如農業困難、季節性漁獲的減少等等。因此，這段與捕魚有關的魔法儀式可能正是期望通過占星和魔法的幫助，增加冬季捕魚的成功率。

手稿的內容

在研讀任何手稿的內容時，都需要多方參照，若對單一文本的理解覺得不對勁，就要去參考其他文本，因為抄寫員的理解錯誤、抄錯過程的紕漏，這類的現象在手稿探究中並不少見。

圖四十五 《偽所羅門魔王列表》，手稿 Welcome MS.4655，太陽符。

圖四十六 《偽所羅門魔王列表》，手稿 Welcome MS. 4658，太陽符。

圖四十七 《偽所羅門魔王列表》，手稿 Welcome MS. 4666，太陽符。

圖四十八 《偽所羅門魔王列表》，手稿 Welcome MS.4668，太陽符。

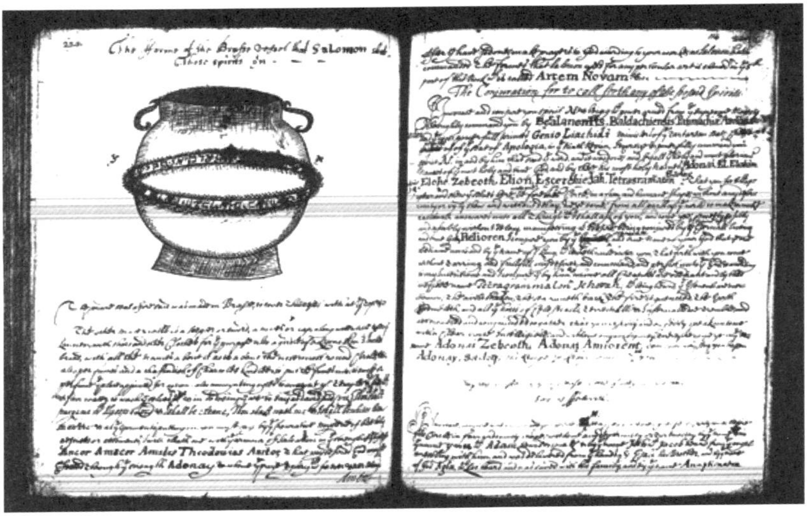

圖四十九　《所羅門的大鑰匙》，手稿 Sloane MS 3825，所羅門黃銅壺，傳說中所羅門國王封印靈體於黃銅壺中，圖片手稿的資訊即是黃銅壺的圖示樣貌。

圖五十　《所羅門的大鑰匙》，手稿 Sloane MS 3825，用來壓印在銅壺蓋子上的符印。黃銅頂部的蓋子上以符印封印／壓制靈體，蓋子必須是含鉛之合金。

精準且完美的驅魔之力

靈體封印儀式的目的是將靈體封印於冥界或壓制於物質世界，相當重視對靈體的控制。處女座的形象源於希臘神話中正義女神之一的阿斯特萊亞（Astraea），象徵純潔與秩序、正義和審判。傳說她曾居於人間，隨著世人的道德墮落，最終離開地球並升上天空化為處女星座。「下界與地上世界」的交互暗示了對靈體控制的力量，因此處女座的「秩序」與「控制」顯然與「封印」或「壓制」極為適配。

此外在占星術中，火星代表行動力和力量，土星則象徵限制與結構，處女座被視為能有效結合兩者能量的象徵，在儀式中提供精確且結構性穩定的強大壓制力，使靈體無法輕易逃脫。封印靈體的儀式不需要滿月時的巔峰能量，而是需要能量穩定且逐漸增長的過程，新月是最佳時刻。

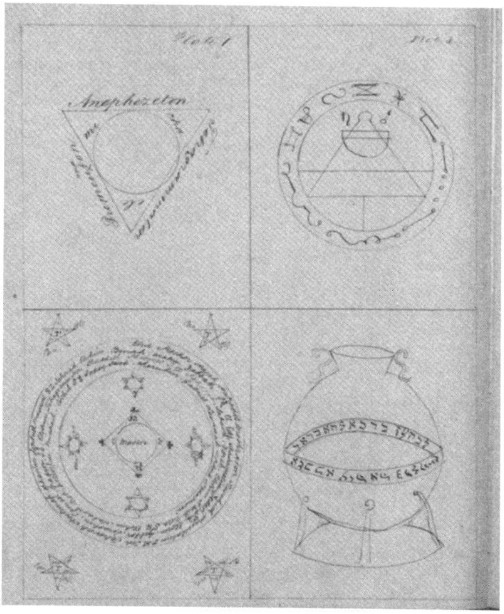

圖五十一　《偽所羅門魔王列表》，手稿 Welcome MS3203，製作魔法陣需要挑選時日（星期二或星期六，對應符印中的火星與土星的符號），時間是午夜，且必須是新月落在處女座。

圖五十二　《所羅門的大鑰匙》，手稿 Sloane MS 2731。

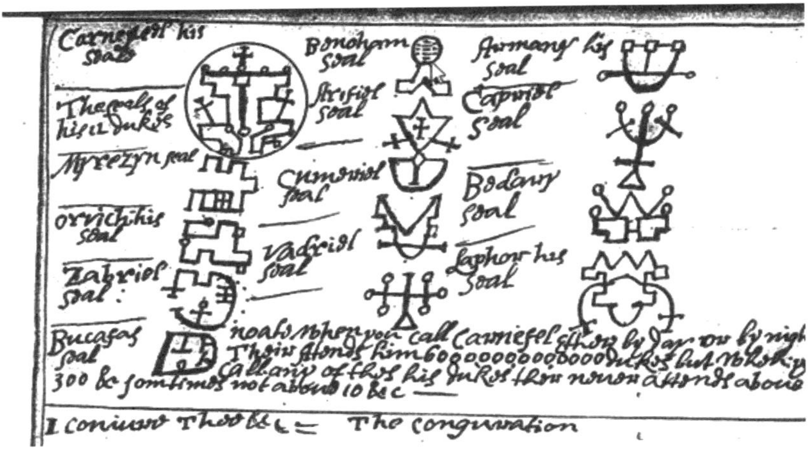

圖五十三　《所羅門的大鑰匙》，手稿 Sloane MS 3648，記錄了靈體卡內希爾（Carnesiel）及 十二位公爵（Dukes）的印章。印章用於魔法儀式中，召喚並控制特定的靈體。

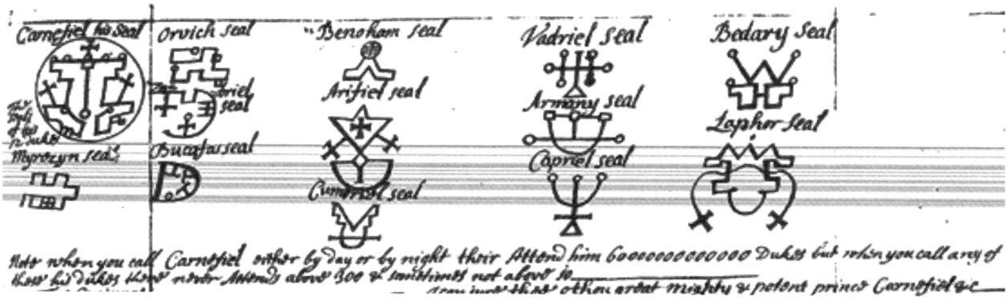

圖五十四　《所羅門的大鑰匙》，手稿 Sloane MS 2731。

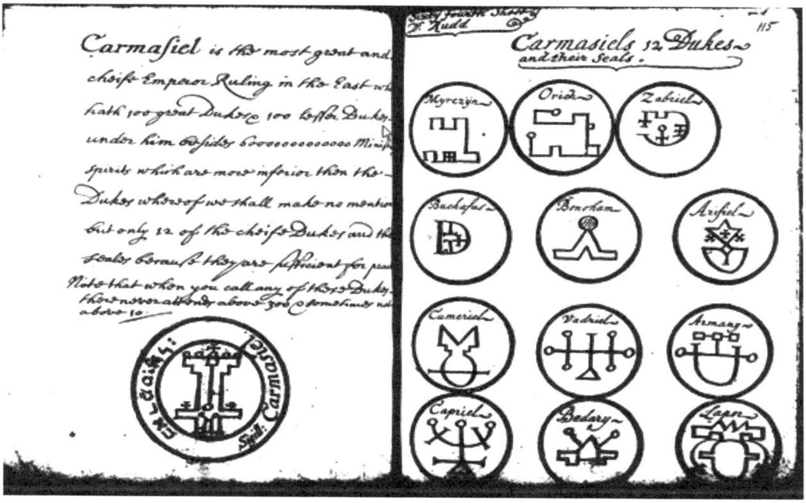

圖五十五　手稿 Harley MS 6483，魯德博士的所羅門魔咒。

印刷術普及後流傳於民間的魔法書

文藝復興時期的文化變遷，多半與政治上的權力鬥爭息息相關。如神聖羅馬帝國君主魯道夫二世（Rudolf II）便是狂熱的神祕學愛好者，不僅支持科學研究，也贊助神祕學者，並在其宮廷內召集了當時最知名的煉金術士與魔法師。在這樣的環境下，魔法書和神祕學著作不僅是學術研究，更是權力和影響力的象徵。

這個時期經歷了戰爭、疫病與政治變動的過程，魔法書的需求也隨著商業發展日益增加。十五世紀中期古騰堡（Johannes Gutenberg）改良的活字印刷術縮短了書籍的生產時間，書籍不再局限於手工抄寫，生產效率大幅提升。印刷術的廣泛應用，使得魔法書不再受限於少數手抄本形式的祕密流通，許多神祕學著作得以更廣泛地傳播，讓普通學者和民眾都能接觸到相關的知識與資源。

《所羅門的小鑰匙》和《七曜書》等書籍開始以印刷形式流通，許多魔法書和神祕學著作在德國、義大利和法國等地印刷出版後，會被翻譯成不同語言再印刷出版，傳播至歐洲各地促進跨國界的知識交流。與此同時還帶動了古希臘、羅馬和埃及過去的經典文獻印刷，特別是由拜占庭帝國學者帶到西方的希臘文本，加速了魔法與神祕學知識的擴散，異教思想和神祕學再次興起，促成不同地域神祕學者間的學術交流與合作，影響了許多學者與魔法師。

古典學問的復興與宗教改革的推動，促使人們開始重新審視傳統的信仰體系與知識結構。許多知識分子，包括約翰·迪伊和康帕內拉（Tommaso Campanella，西元一五六八－一六三九年），開始將魔法與科學、哲學相結合，創造了如《單一象徵符號》（*Monas Hieroglyphica*）和《宇宙哲學》（*Philosophia Realis*）等，結合科學觀點進一步探索自然哲學與魔法的作品。

《培根對藝術、自然和魔法奇蹟的發現》

《培根對藝術、自然和魔法奇蹟的發現》（*Bacon's Discovery of the Miracles of Art, Nature, and Magick*）英文翻譯自約翰·迪伊（John Dee）的版本，並於西元一六五九年在倫敦由 Simon Miller 出版。

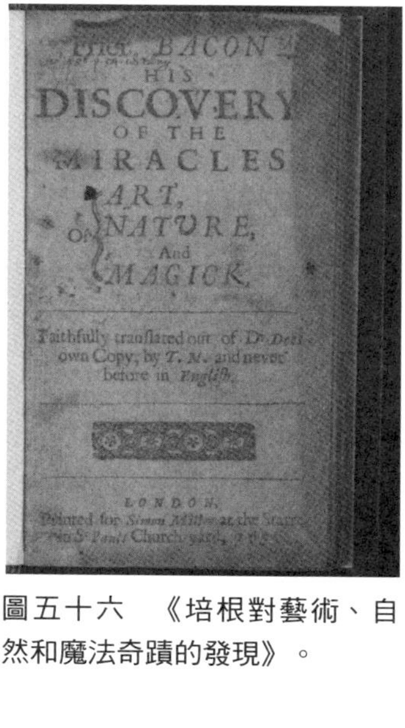

圖五十六　《培根對藝術、自然和魔法奇蹟的發現》。

《神祕哲學》

《神祕哲學》第四冊（Occult Philosophy，前三冊即先前提過的《神祕哲學三書》）於一五三三年出版，是阿格里帕的代表作之一，內容涵蓋神祕學、魔法、占星術、煉金術和卡巴拉等領域。

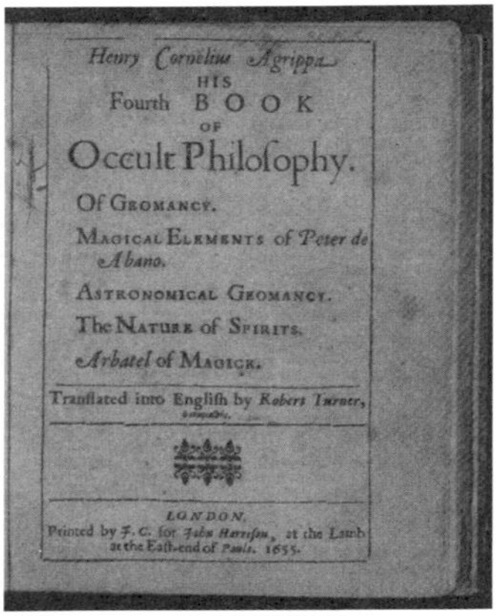
Henry Cornelius Agrippa
HIS
Fourth BOOK
OF
Occult Philosophy.
Of Geomancy.
Magical Elements of Peter de Abano.
Astronomical Geomancy.
The Nature of Spirits.
Arbatel of Magick.
Translated into English by Robert Turner,
LONDON,
Printed by J. C. for John Harrison, at the Lamb at the East-end of Pauls. 1655.

圖五十七　阿格里帕的《神祕哲學》第四本書。

圖五十七為一六五五年出版的第四冊，被認為是由不同作者補充或偽託的內容，主要包含《地占》（*Geomancy*）、阿巴諾的彼得的魔法元素、天文地理占卜（Astronomical Geomancy）、靈體的本質（Nature of Spirits）以及古老魔法（Arbatel）等主題。

《亞伯拉梅林之書》

《亞伯拉梅林之書》（*The Book of Abramelin*）印刷版首次於西元一七二五年出版[14]，有德文、拉丁文、希伯來文和法文等不同版本。

14　出版前有多個手稿的記錄，包括 Codex Guelfibus 10.1 (1608) 和 Codex Guelfibus 13.12 Aug. 4 (1608)。

內容描述了作者亞伯拉梅林（Abramelin the Mage）從父親那裡獲得了魔法知識，主要分為作者的自傳、混合卡巴拉的知識、關於真正魔法的討論，以及魔法陣的具體應用等四個部分。其中包含如何與靈體溝通和合作、治療嚴重疾病，乃至於對抗敵人的魔法咒語及符咒。本書的目的是指導讀者如何進行各種儀式和魔法練習，除了強調舉止行為的適當性外，也提供了大量用於召喚或其他魔法儀式的靈體名單。

《亞伯拉梅林之書》以魔法儀式和祈禱的詳細步驟為主要內容，最具代表性的部分是要進行為期六個月甚至更長時間的神祕修行，最終目的是召喚個人的神聖守護天使來獲得指導與力量。這段修行被視為相當嚴苛且要求極高的靈性過程，一旦完成，術者便能獲得與操控惡魔的能力。該書有許多不同的翻譯與編修版本，最著名的版本是由麥克逵格・馬瑟斯[15]（黃金黎明協會的成員之一）於西元一八九八年所翻譯的版本，這使得《亞伯拉梅林之書》在西方魔法圈中名聲大噪，並對現代西方魔法產生了深遠的影響。

Die egyptischen großen Offenbarungen,
in sich begreifend
die aufgefundenen Geheimnißbücher Mosis
oder
des Juden Abraham von Worms
Buch der wahren Praktik
in der
uralten göttlichen Magie und in erstaunlichen Dingen,
wie sie
durch die heilige Kabbala und durch Elohym mitgetheilt worden.
Sammt der
Geister- und Wunder-Herrschaft,
welche Moses in der Wüste aus dem feurigen Busch erlernet, alle Verborgenheiten der Kabbala umfassend.
Aus einer hebräischen Pergament-Handschrift von 1387 im XVII. Jahrhundert verteutscht und wortgetreu herausgegeben
Köln am Rhein, bei Peter Hammer. 1725.

圖五十八　《亞伯拉梅林之書》，一七二五年首次印刷版。

15　麥克逵格・馬瑟斯（Samuel Liddell MacGregor Mathers，西元一八五四年–一九一八年）：是十九世紀末至二十世紀初英國著名的神祕學者和魔法師。他創立了黃金黎明祕會。

《小阿爾伯特》

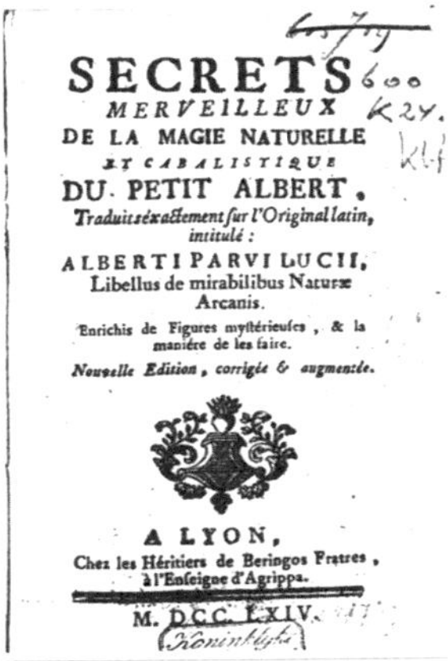
SECRETS
MERVEILLEUX
DE LA MAGIE NATURELLE
ET CABALISTIQUE
DU PETIT ALBERT,
Traduits éxactement sur l'Original latin, intitulé :
ALBERTI PARVI LUCII,
Libellus de mirabilibus Naturæ Arcanis.
Enrichis de Figures mystérieuses, & la maniére de les faire.
Nouvelle Edition, corrigée & augmentée.
A LYON,
Chez les Héritiers de Beringos Fratres, à l'Enseigne d'Agrippa.
M. DCC. LXIV.

圖五十九　《小阿爾伯特》書籍封面。

《小阿爾伯特》於西元一七〇六年首次出版，是以「大阿爾伯特[16]」延伸而命名，但作者不詳，西元一七五二年及一七八二年的後期版本增加了許多咒語。《小阿爾伯特》實際上是一部與阿爾伯特大師本人無關的民間魔法與煉金術書，其內容充滿了當時盛行的實用魔法、占卜、煉金術、靈藥和護符等操作性質的神祕學知識。其內容充滿了當時盛行的魔法，如占卜、煉金術、靈藥和護符等實用性質的神祕學知識。內容龐雜，可說是一本魔法小百科，甚至收錄了許多愛情咒語、性慾咒語、處女回春咒語、皮膚美容咒語等，是本偏向世俗與生活化的民間魔法書。它的銷售量之高，堪稱是十八世紀的魔法暢銷書，給日後的胡督魔法[17]和非洲傳統宗教[18]帶來很大的影響。這類書籍在十八世紀的法國和歐洲廣受歡迎，因為它們的內容通俗易懂，提供了一般大眾也能簡單操作魔法的實際需求。

16 阿爾伯圖斯．麥格努斯（Albertus Magnus，約西元一二〇〇－一八二〇 年，常譯作「大阿爾伯特」）：中世紀非常著名的學者、哲學家、神學家與自然科學家。他是羅馬天主教會的多明我會（Dominican Order）成員，被後世尊為「偉大的阿爾伯特」。

書中提到榮耀之手（Hand of Glory）是與死刑犯的手有關的魔法物品。據說是由判處絞刑或死刑的罪犯的手製作而成，具有強大的魔法力量[19]。能用來幫助盜賊或魔法師在夜間進行非法活動，讓持有者隱形或進入別人的家而不被發現，這類魔法物品在神祕學和魔法文獻中曾被多次提及，尤其是在《小阿爾伯特》。在中世紀和文藝復興時期，犯罪者遺體被偷盜的情況並不少見，屍體不僅限於巫術用途，還具有藥用價值，如牙齒、骨頭、脂肪等部位，都可能被盜賊或巫術迷信者竊走，用於各種「治療」方法或作為護身符使用。

圖六十　榮耀之手握著蠟燭，出自《小阿爾伯特》。

17　胡督魔法（Hoodoo）：是一種融合了西非、北美原住民、歐洲和加勒比傳統的民間魔法體系。主要在非裔美國人社群中流傳，尤其是在美國南部。胡督魔法通常被用來達成實際目的，例如治癒疾病、吸引愛情、保護自己免受邪惡影響或改善財務狀況。

18　非洲傳統宗教（African Traditional Religions，縮寫為ATRs）：指的是非洲以及非洲僑民（特別是大西洋奴隸貿易後）所保存的傳統宗教系統。這些宗教通常強調與祖靈、自然精靈和神靈的聯繫，它們的中心信仰包含了神聖性、靈魂的世界，以及靈性修行的日常應用。

19　當時代的人們相信人肉具有藥用價值，血液代表生命之源，死刑犯的血肉往往能透過行賄劊子手來獲得，作為藥用、魔法儀式的材料。

《浮士德》魔法

約翰・浮士德博士（Johann Georg Faust，約西元一四八〇年－一五四〇年）以醫學和占星術的專長而聞名。他聲稱自己掌握了占星術、煉金術、靈藥和預言術等知識，這些能力使他在一些貴族和上流階層中獲得聲譽。他以遊歷者的身分在德國和中歐地區旅行，提供占卜和醫療服務。關於他的死亡原因，記載各不相同。一些記錄顯示他死於一次失敗的煉金術實驗，可能是由於處理某些化學物質時發生爆炸。其他記載則指出他可能在一次魔法儀式中死去，並且他的遺體被發現時身體扭曲，這引發了人們對他靈魂是否被魔鬼帶走的猜測。

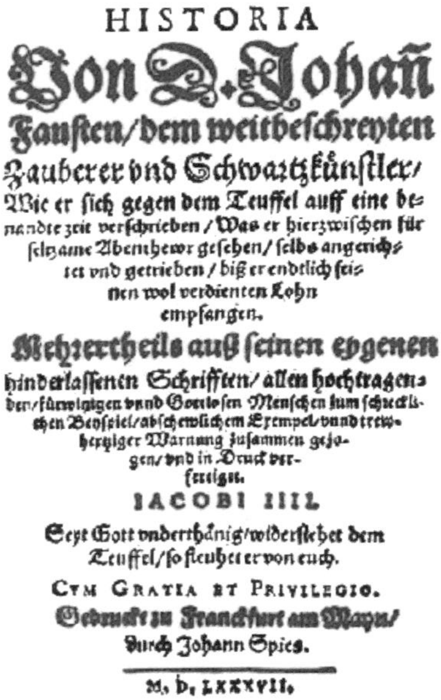
HISTORIA
Von D. Johañ
Fausten/dem weitbeschreyten
Zauberer vnd Schwartzkünstler/
Wie er sich gegen dem Teuffel auff eine be-
nandte zeit verschrieben/Was er hierzwischen für
seltzame Abentheuwr gesehen/selbs angerich-
tet vnd getrieben/biß er endtlich sei-
nen wol verdienten Lohn
empfangen.
Mehrertheils auß seinen eygenen
hinderlassenen Schrifften/allen hochtragen-
den/fürwitzigen vnnd Gottlosen Menschen zum schreckli-
chen Beyspiel/abschewlichem Exempel/vnnd treuw-
hertziger Warnung zusammen gezo-
gen/vnd in Druck ver-
fertiget.
IACOBI IIII.
Seyt Gott vnderthänig/widerstehet dem
Teuffel/so fleuhet er von euch.
CUM GRATIA ET PRIVILEGIO.
Gedruckt zu Franckfurt am Mayn/
durch Johann Spies.
M. D. LXXXVII.

圖六十一　約翰・施皮斯（Johann Spies）出版的《浮士德》卷首。

浮士德的傳說迅速在文學和戲劇中成為熱門題材，例如克里斯多福・馬羅（Christopher Marlowe，西元一五六四－一五九三年）於西元一五八八年創作的劇本《浮士德博士悲劇》（*Doctor Faustus*）、約翰・沃爾夫岡・馮・歌德（Johann Wolfgang von

Goethe，西元一七四九－一八三二年）在西元一七九〇年出版的劇本初稿《浮士德》（Faust, a Fragment）。

圖六十二　浮士德及惡魔。

《聖西普里安之書》

《聖西普里安之書》（*Libro de San Cipriano*）是一本以聖人西普里安（請參閱第47頁）為名的著名魔法書，廣泛流傳於西班牙、葡萄牙、巴西以及拉丁美洲地區。這本書收錄了許多關於尋找寶藏、占卜、愛情咒語、解咒、防護咒及驅魔儀式等各種民間魔法。

圖六十三　《聖西普里安大書》。

充滿爭議的作者

一、勞倫斯的盜版與八卦

研究任何文本都非常講究基礎功，要辨識文本的正確度，就要先分清楚原版與盜版的不同！

勞倫·威廉·德·勞倫斯（L.W. de Laurence，西元一八六八－一九三六年）可說是盜版議題中的話題人物，他是一位美國作家和出版商，專注於出版神祕和靈性子題類別的商品。他的出版公司德勞倫斯史考特公司（De Laurence, Scott & Co.）位於美國伊利諾州芝加哥，專門通過郵購方式供應魔法書籍和神祕商品，目前在開放圖書館網站（Open Library）上，能查詢到德勞倫斯史考特公司出版過八個品項和五本電子書。

雖說天下文章一大抄，但這位仁兄可是抄出了難以媲美的盛名，他盜用愛德華·偉特（A. E.Waite，西元一八五七－一九四二年）於西元一九一〇年所著的《塔羅的圖解鑰匙》（*The Pictorial Key to the Tarot*）以及麥克達格·馬瑟斯 (Samuel Liddell MacGregor Mathers)《所羅門的鑰匙》，這種行為在現代神祕主義者中受到嘲笑與厭惡。

其中爭議最大的是《塔羅的圖解鑰匙》，它是一本由史密斯女士（Pamela Colman Smith，西元一八七八－一九五一年）繪製插圖的塔羅占卜指南，與出版商騎士偉特（Rider-Waite）的塔羅牌組緊密相關。而勞倫斯在八年後（西元一九一八年）直接復刻出版了這部作品，名為《塔羅的圖解鑰匙：占卜的面紗》（*The Illustrated Key to the Tarot: The Veil of Divination*），且全書未提及愛德華·偉特或史密斯夫人，不僅沒有取得原作者的授權，也沒有提及任何他對原文或插圖做出的修改與變更。

勞倫斯在他出版的書中進行了不完整的節錄和篡改。馬瑟斯編寫的《所羅門的鑰匙》這本書，也經過勞倫斯過度簡化，刪減了大量原有的內容，以《所羅門的小鑰匙》（*Lesser Key of Solomon Goetia*）為名出版。

勞倫斯的出版策略，反映了當時的商業考量，他試圖讓神祕學和靈性書籍大眾化，並且能更快速廣泛地流通，有利大眾閱讀，然而在未經授權的情況下出版，不僅無視學術倫理、沒有遵循質性研究，許多書籍經過了簡化之後，也無法帶給讀者完整且忠實的文本，乃為出版歪風。與原版相比，勞倫斯的書經常刪掉複雜的學術細節和深奧的神祕學背景，採以實用和快速上手的方式來吸引消費者。

當時的主流書店較少有神祕學主題的書籍，而獲取相關產品的重要渠道則是郵購，勞倫斯嗅到其中的商機，藉此推廣和銷售他的書籍及神祕學產品，使他無需依賴傳統的書店銷售，就能接觸到遍布美國和歐洲各地的神祕學顧客群。

二、約翰·海登的政治爭議

《神學或智慧殿堂》（*Theomagia, or The Temple of Wisdome*）是約翰·海登（John Heydon）於西元一六六三年所著的魔法書，本書內容包含靈體、天體與元素等三大類別，其中不乏各種神祕主題與占卜祕笈，甚至是地占術。

這本書有著滿滿的玫瑰十字會色彩。玫瑰十字會是創立於十七世紀初的神祕主義團體，他們揉雜了煉金術、藥草學、靈性療癒、占星術、宇宙法則等知識，聲稱掌握了關於靈性、宇宙法則、療癒、以及自然界隱藏智慧等相關知識。西元一六一四－一六一七年間發表了著名的《玫瑰十字宣言》（*Fama Fraternitatis Rosae Crucis*）、《化學婚禮》（*Chymical Wedding of Christian Rosenkreuz*），在歐洲引起廣泛的討論。

關於約翰・海登的八卦很多。英國內戰（English Civil War）後的政治局勢十分不穩定，他被指控與皇家黨人合作，參與了一些涉及政治陰謀的活動，據稱與文獻交易有關，且這些文獻可能涉及叛國，因此遭政府關押了一段時間。

海登的占星術和預言能力也讓他被懷疑參與政治陰謀，因為他聲稱可以預測政治局勢變動，這些言論在當時不穩定的英國社會中帶來了潛在威脅。

海登的作品也充滿爭議，包含沒有附明來源就抄襲了法蘭西斯・培根[20]等前輩的作品，亞瑟・愛德華・偉特[21]甚至認為，約翰・杜威在神祕主義方面的研究都源自前人的著作，不過就現今的角度來看，其文本依舊能看出當時的神祕學文本流行的論述方式。

---

20 法蘭西斯・培根（Francis Bacon，西元一五六一－一六二六年）是一位英國哲學家、政治家、科學家和法學家，他在西方思想史上扮演了重要的角色，尤其對科學方法的推廣和經驗主義哲學聞名。重要的作品包含《新工具論》（*Novum Organum*，西元一六二〇年）、《學問的進展》（*The Advancement of Learning*，西元一六〇五年）、《新大西島》（*New Atlantis*，西元一六二七年）、《自然史》（*Historia Naturalis*）。

21 亞瑟・愛德華・偉特（A. E. Waite, 西元一八五七－一九四二年）是英國著名的神祕學家、詩人、翻譯家及作家。是黃金黎明協會的成員。偉特不僅是祕會中的活躍人物，還致力於神祕學文本的翻譯與研究，推廣煉金術、占卜和卡巴拉等神祕學領域 。偉特最為人熟知的是他對塔羅牌的貢獻。他在西元一九〇九年與插畫家帕米拉・科爾曼・史密斯（Pamela Colman Smith）合作設計了如今最著名的塔羅牌之一，即偉特－史密斯塔羅牌（Rider-Waite Tarot）。這副塔羅牌因其精美的圖像和深入的象徵意涵，成為現代塔羅占卜中的經典之作 。

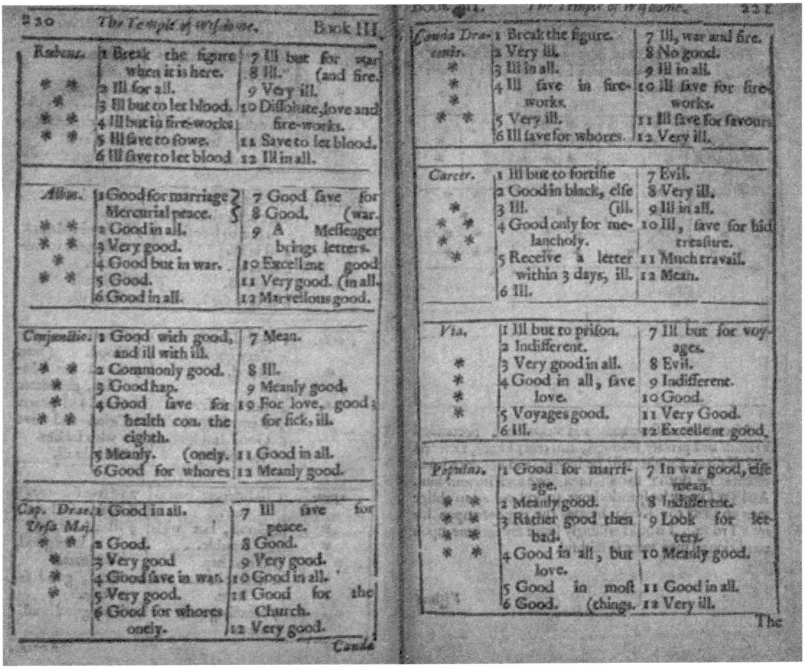

圖六十四　《神學或智慧殿堂》：精神、天體、元素（第三冊）。

Chapter 3

魔法的原理與近代運用參考

本書在開篇簡單梳理了重要的哲學觀點及思想系統，讓讀者對魔法的理論發展有個基礎的認識；第二章揀選了幾本經典的魔法文本，藉由這些文獻來觀察不同時空背景、思想演變對魔法發展的影響。在本章節，將說明魔法的原理以及近代的運用方式。包含魔法儀式的程式化、公式化語言、儀式魔法前的注意事項、召喚的詞彙分析、行星的影響力與魔法，並附上魔法的實作附錄參考與新手學習指南。

圖六十五　十七世紀的荷蘭製圖家弗雷德里克・梅傑（Frederik de Wit）製作的星圖。

魔法的原理

筆者在寫這篇時，碰巧行至台灣屏東的滿州鄉，觀賞黎明至清晨的滿天星斗，便想到從天文學的角度來聯結魔法的概念。

恆星是通過核聚變釋放能量的巨大電漿星體[1]，在其生命週期邁入終結時，先產生超新星爆發，再依質量分別演化成白矮星、黑洞或中子星。行星則是環繞恆星的天體，不像恆星有明顯「出生、燃燒和死亡」的生命週期，它們會根據其質量、組成成分和大氣的內部活動，逐漸產生如冷卻、塌陷、裂縫、地質活動減少或體積收縮等變化。行星多數本身不發光，依靠來自恆星（例如太陽）的光線反射達成可見性，我們在太陽系中能觀察到的行星，如金星或木星，正是通過這樣的反射方式呈現在我們眼中。

在魔法或靈性信仰中，行星被視為「活躍」的能量來源，不同於那些可能已經消亡的遠方恆星，它們是「活著的」，隨時都在運行，其物理特性也在持續影響它們的環境及其周圍空間，是一種在宇宙中「動態」且「長期穩定存在」的天體，也符合儀式魔法中行星的持續影響力。

1　物質在極度高溫呈現之狀態，恆星內部／閃電／極光都是電漿態，恆星就是由重力凝聚的巨大球狀電漿體。

所羅門魔法文本有段常見的引言，那是所羅門王教誨其子的內容：「*萬能的神希望人是完美的，因此將人類創造為具有神性、物質性的存在。*」

這段語意指人具有精神性，神性屬於天上，而肉身乃物質，屬於地上，因此人類可以請天上的天使、地上的靈體來協助自己。這就是人類可以呼喚、操縱靈體的原因。回顧第一章的內容，我們可以發現這是新柏拉圖主義哲學思想的延伸。

每一個靈體都有其所好，魔法師若要召喚祂們就要找到相對應的材料。而我們若想召喚天上星辰的力量，選對日期、時間、符印、材料等，都是重要的關鍵。

魔法儀式的程式化、公式化語言

魔法源於各地不同的歷史和社會背景，每個文化都賦予了魔法獨特的信仰、儀式、符號和用途，這些影響讓魔法成為一個跨文化、多層次且非常豐富的知識體系。不過隨著時間推移，魔法師與魔法研究者逐漸將複雜的魔法儀式「程式化」，整理出一套基本的流程系統。然而隨著使用族群的普及，這種操作步驟可能顯得過度簡化，少了豐富性。這樣化繁為簡的方式雖然能有助於初學者學習，卻容易忽略魔法體系的多元與浩大。

「程式化」（Formalization）指的是將某個概念、想法或流程系統化並轉化為一套清晰且具邏輯性的規則或形式，這對魔法儀式而言有利有弊。即使參考了程式化的操作概念，仍不能忽略西方魔法的多元樣貌，最好是在操作儀式前，盡可能地了解整套儀式的背後原理。

一、程式化的特點

魔法儀式「程式化」提供了標準化的流程和固定的步驟、符號和咒語，讓魔法更容易學習和傳承，初學者能依循既定的標準方法來學習儀式操作，使儀式在重複操作時發揮更穩定的效果。

不同施法者的精神特質、信念和需求各不相同，程式化的魔法儀式可能無法滿足每位施法者的獨特需求，過度依賴固定的程序，可能會讓施法者失去對儀式的深入理解和心靈投入。令筆者最在意的是，程式化的魔法儀式經常源於特定的文化背景，施法者若對該文化沒有充足的理解，將很難完全體會儀式的精髓。

1. **文化背景的限制：**當施法者依據特定文化的程式化步驟進行儀式操作時，若對該文化背景缺乏深入了解，可能會忽略當中隱含的符號和意義，因誤解或僅知其表而「以偏概全」，無法達到儀式設計時所預期的效果，導致儀式效果大打折扣。

2. **跨文化的影響：**另一方面，若施法者沒有該儀式的文化背景，僅依循程式化步驟來進行操作，不僅無法顯現原文化中的特定效果，也無法體會魔法經跨文化後轉換出的獨特性。既無法發揮原文化背景的魔法力量，也難以在自身文化中創造新的魔法意涵。

以下所闡述的魔法儀式，僅是一個「程式化」的統整與參考，不能代表所有的西方魔法類型。同時也要嚴正地說明，這些方法是近代神祕學研究下，對於古老文本的詮釋，沒有絕對的還原。

二、公式化語言

指在魔法儀式中使用的固定祈禱詞、咒語或召喚詞，通常遵循一定的語法和韻律，以便在操作儀式時，引導施法者的專注力和能量。初學儀式時期，可以參考公式化語言，試著熟練一套禱詞或咒文；熟練儀式操作後，遂能進一步開創專屬於個人的儀式語言。

三、影響魔法的實質狀況

有時候，魔法師會因為不夠了解儀式步驟而失誤，使儀式沒有產生應有的效果。有些人會認為無法成功施展魔法是件很糟糕的事，但魔法未能生效，意味著同時避免了潛在的負面作用，反而是相對安全的結果。若缺乏足夠的理解和準備就進行儀式，結果可能不會達到預期，但這也提醒我們謹慎行事，扎實地學習並掌握所有關鍵環節。

儀式魔法前的注意事項

以下為儀式魔法的基本流程，操作步驟雖然沒有「絕對通用版」或「自古至今都相同的版本」，但多數的概念經過研究與比較，可以逐步整理出一些「相對通用」的方式，這也是筆者近幾年來實際操作的版本之一，希望能給予學習魔法的夥伴作為參考。

一、判定所需的魔法

要先釐清儀式的目的是什麼，即為「所需要的魔法」。不同的需求會對儀式的設計和步驟產生直接的影響。例如，是否需要祈求保護、召喚力量或療癒心靈。要根據當下的情況和需求，精確地判定目標。

二、選擇日期與安排道具

合適的日期和時間是進行魔法儀式的關鍵，這可能包括依據占星學（如月相、行星影響）或特定神靈的喜好來安排。此外，所有儀式中會使用的道具（如蠟燭、香、護符、聖水等）都應事先準備好，每件道具都應具備象徵意義，且已被淨化和祝福。

三、尋找場所

盡可能挑選遠離喧囂、干擾較少的地方。如果儀式是在室內進行，必須確保這個空間是乾淨的，最好是經常進行儀式的神聖空間。戶外儀式則應選擇安靜的自然環境。

四、調養身心

遵循紀律調養身心的整備，也是儀式前極為重要的環節。傳統的所羅門魔法儀式系統中，充分調養身心的時間需要九天，到了現代，即使沒有嚴格地準備到九天，也建議至少要有三天的調養時間。

以下是一些合乎紀律的調養方式，能夠幫助施術者在進行儀式前達到身心的清淨狀態。

1. **飲食清淡：**至少在儀式前一週開始，應採清淡、簡單的飲食。避免食用肉類，尤其是紅肉。選擇蔬菜、水果、全穀類食物，減少鹽、糖和刺激性香料的攝入。選擇清淡的烹調方式，確保攝取足夠的水分，有利於身體淨化，避免酒精與咖啡因類的刺激性飲料，讓身體處於穩定且純淨的狀態。

2. **禁慾儀式前避免性行為：**至少維持一週以上。保持內在的力量，讓精神更加專注在儀式的目標上。

3. **言行約束：**這段期間應減少無謂的對話，盡量避免與他人爭執。少說話，多反思，保持心境平和，避免憤怒、嫉妒等負面情緒波動，維持在穩定和諧的身心狀態。

4. **靜心與冥想：**每天進行靜心或冥想練習，有助於調整內心，最理想的時間是早晨十五分鐘的冥想。

5. **淨身：**使用天然的草本精油或清潔物淨身，如薰衣草、迷迭香。

五、斷食

儀式前一晚需要至少兩餐空腹斷食，且務必確認宿便排出。

六、進行儀式後的等待心態

儀式完成後，不應立刻期待結果，請信任儀式並保持耐心與信心，過度焦慮或急躁會影響儀式的效果。

圖六十八　林布蘭所繪的浮士德蝕刻，由此可見畫家對魔法場域的想像。

召喚魔法的詞彙解析

在魔法和神祕學的世界裡，召喚（conjuration）是一個非常普遍的概念。無論是神話故事、魔法書，還是現代神祕學中，我們常看到有人「召喚靈體」或「呼喚神祇」。但隨著神祕學的發展，特別是在近代神祕學密會 —— 黃金黎明協會的系統中，這些召喚行為被細分為不同的種類，像是「呼喚」（invocation）和「喚出」（evocation）。接下來，我們將深入淺出地介紹這些術語，同時給出一些例子，讓大家更容易理解。

一、召喚（Conjuration）——廣泛的召喚行為

「Conjuration」來自拉文語的「conjurare」，意思是「共同呼喚」或「聯合起來呼喊」。在古代和中世紀的魔法書裡，召喚這個詞被廣泛用來指稱所有召喚靈體、神祇或魔法力量的行為。

例如，在《所羅門的大鑰匙》這本著名的魔法書中，施法者會用咒語來召喚天使或惡魔，讓祂們幫助完成任務。這個過程不分召喚出來的是內在力量還是外在靈體，只要是透過咒語呼喚出來的力量，都可以被稱作召喚。

另一個例子來自歐洲的民間傳說，巫師可能使用召喚術來召喚精靈，幫助他們完成農作或治癒疾病。這種召喚行為涵蓋的範圍很廣，包含了呼喚神聖力量、命令靈體或施展其他魔法的各種情況。

二、呼喚（Invocation）——向內呼求神聖力量

「Invocation」來自拉丁文的「invocare」，意思是「向內呼喚」，是施法者與神聖力量合一的過程。施法者在儀式中會用咒語或祈禱，請求神祇或天使讓神聖力量進入他們的內心，幫助他們得到力量或靈感。這個術語在黃金黎明協會的系統中，被用來指「內在的請求」，特別是向神祇或天使等「高層靈性力量」發出的呼求。

例如，在某些宗教儀式中，信徒可能會呼喚神祇的力量，請求保護或指引。施法者藉由呼喚的過程，不僅能感受到「引入內心」的神聖力量，還同時成為一個管道，使神聖力量透過自身作用於外界，影響周圍的環境或執行某個儀式目標。

可以想像成是一個學生在考試前向老師祈禱，請求老師的祝福或鼓勵。雖然這個過程沒有看到任何實際的靈體出現，但學生相信，這股力量已經進入了他們的內心，讓他們能夠更專注、更有信心地來面對考試。

三、喚出（Evocation）——向外召喚靈體來現場

「Evocation」來自拉丁文的「evocare」，意思是「向外喚出」。與呼喚的內在請求不同，這個術語在黃金黎明協會的系統中，是更具向外性質的召喚，強調的是「從外界召喚外在的靈體或力量」到儀式現場，施法者會用特定的符咒和儀式召喚某個靈體來到指定的地方，將靈體從「另一個世界或維度」喚出到我們的世界，指揮祂來執行任務。

例如，在傳說故事中，巫師可能會使用特定的符咒和儀式喚出精靈或惡魔，命令祂們協尋遺失物或完成某些任務。

可以想像成是一個指揮官召喚他的士兵抵達戰場，指揮他們去完成具體的行動。士兵們是從遠處喚來的，他們在執行完命令後可能會返回自己的基地。

黃金黎明協會對召喚魔法的影響

「召喚」是一個通用術語，涵蓋所有形式的請求行為，無論是祈求內在力量還是召喚外在靈體，這些不同形式的召喚通常都可以統稱為「召喚」。但隨著黃金黎明協會的出現，他們對這些術語進行了更明確的區分，特別是在儀式魔法中。「呼喚」被用來描述「與神聖力量的內在聯合」，強調靈性層次的提升；「喚出」則用來指「召喚外部靈體」的過程，這些靈體被施法者喚來，並根據施法者的命令行動。這些術語的差異能更具體地解釋，施法者在儀式中與召喚力量之間的關係。無論是向神祇呼求力量，還是從另一個世界召喚靈體，這些不同形式的召喚都是構成神祕學儀式的重要基石。

對初學者來說，可以簡單地記住，呼喚是「向內心」祈求力量或神聖指引；喚出是「向外界」召喚靈體來幫助完成任務；召喚則是這些行為的統稱。這些概念在魔法儀式中至關重要，也讓我們能更具體地理解人類試圖與未知力量溝通的歷史發展。

不同理解	呼喚（Invocation）	喚出（Evocation）
麥克達格・馬瑟斯與勞倫斯	向內祈求與神聖力量聯合的過程，主要目的是提升靈性或智慧。	向外界召喚靈體至儀式空間的儀式，強調外在力量的互動與操控。
克勞利	施法者與守護天使聯繫，藉以實現自我的神聖化與靈性層次。	施法者必須高度專注，召喚靈體來完成具體任務，強調對靈體的控制與操作。

魔法工具的認識

早期的魔法用具相當繁複，除了護符、短刀、魔棒與魔杖之外，還有魔法劍、特殊服飾和聖物。如果再加上魔法墨水、筆與羊皮紙，準備起來可說是相當耗時費力。如今，許多這類道具已有更現代化的替代方案。為了讓讀者更容易理解，本節將著重介紹護符、短刀、魔棒與魔杖這四種工具。至於像衣著配備、聖物道具、魔法墨水等較為複雜的工具，則會在後續章節中簡單介紹。

護符

護符（Amulet）是凝聚力量的精煉符號，是宗教與魔法系統中不可或缺的重要角色，中世紀的教會通常視這些護符為迷信或違法的物品，但它們依然是人們日常生活中最常見的魔法物品之一。十三到十六世紀間，平民識字率和精神信仰逐漸提高，使得文字護符在女性之間流傳得更為普遍。

帶有護符的物品幾乎隨處可見，人們除了將護符繪製在摺疊的羊皮紙卷或繪有聖人圖像的小書內頁，也熱衷將護符與日用品相結合，創造出具有魔法效果的隨身物品。例如將護符刻印在護具或皮質飾品上，在配戴的同時也能享有護符效果，使用方式相當靈活，形式豐富且攜帶方便。不同階層和社會背景的人都相信這些文字護身符能帶來保護、治癒和驅魔的功效，此時的護符大多受到神祕學文獻如《賢者之目的》等書籍的影響，以特定形式記錄魔法符號，象徵宇宙的結構和力量的集中點。

用於儀式中的護符─拉曼（lamen），這個詞源自拉丁語，意思是「盤子」或「板」（lamina），是一種佩戴在胸前的護符。早期在猶太教的系統中，將一張被神聖名字所標記的羊皮紙，穿戴在胸前，能成為抵禦邪惡力量的壁障。後期因為儀式的發展，演變成一種刻有神聖名字符號的護符，被用於修練和魔法儀式。通常以特定數量的線繩穿繫好，由魔法師配戴，調整至胸部或腰部的位置，以便與特定的精靈或神靈進行溝通或控制。

現今常見的拉曼是金屬或紙張材質的扁狀圓形物品，也可以是既長且薄的紙片或皮革，上面刻繪著神聖符號、咒語和名字，用以保護和指導魔法師在儀式中的行動，也能用於驅魔、療癒或完成目標等目的。在不同的魔法系統和儀式中，拉曼的形式和內容皆有所不同，但它們都是魔法師身分的象徵。

在新柏拉圖主義看來，宇宙是一個多層次、和諧且完全的整體。每個儀式不僅是單一的物質行為，在宇宙中通過特定行為的安排，能連接到靈性以及至高的統一體。儀式的每個動作、每句咒語，甚至每個道具都是精心挑選過的，一切細節都在天時地應中，細緻地連結到了永恆的真實領域。

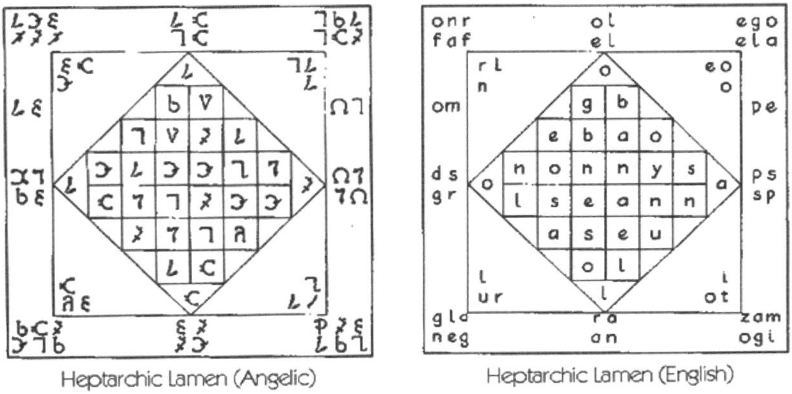

圖六十七　約翰・迪伊設計的拉曼。

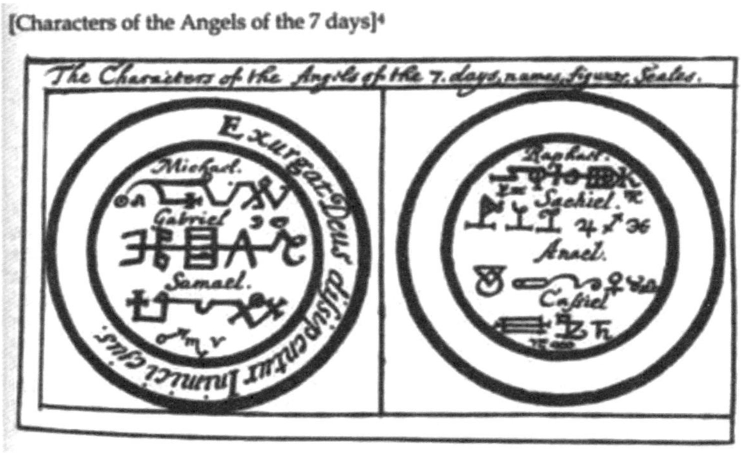

圖六十八　《魯德博士的魔神召喚書》（*The Goetia of Dr. Rudd*）中的魯德博士的魔咒。

短刀

「Artano」是指一把大刀，在某些版本的文獻中，也被稱為「athame」，通常有黑色刀柄，用於畫魔法圈或保護性結界。它在儀式中有象徵性的作用，可劃定神聖空間，驅除不受歡迎的靈體，保護施法者免受不好的力量侵擾。這把刀不能用來切割實質物體，主要是靈性上的功能，但在所羅門的儀式中，黑色刀柄的大刀專門用於儀式劃圈和其他重要的魔法操作。

「Bolino」是一把較小的刀，通常是白色刀柄。它不直接用於儀式畫圈或靈性操作，而是用來切割實質物體，輔助施法者製作護符、修剪木材、裁切紙張和各種儀式準備工作。

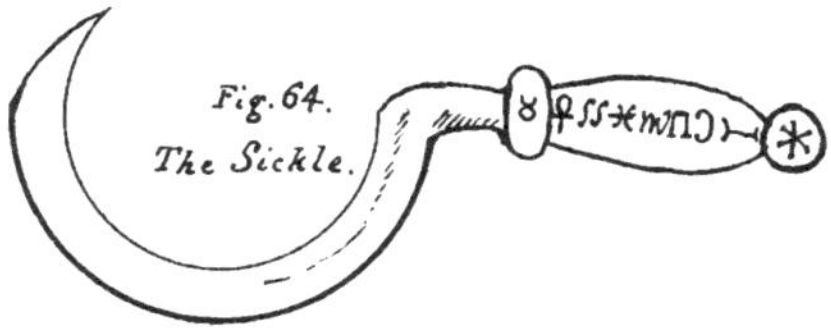

圖六十九　《所羅門的大鑰匙》中的魔法道具。

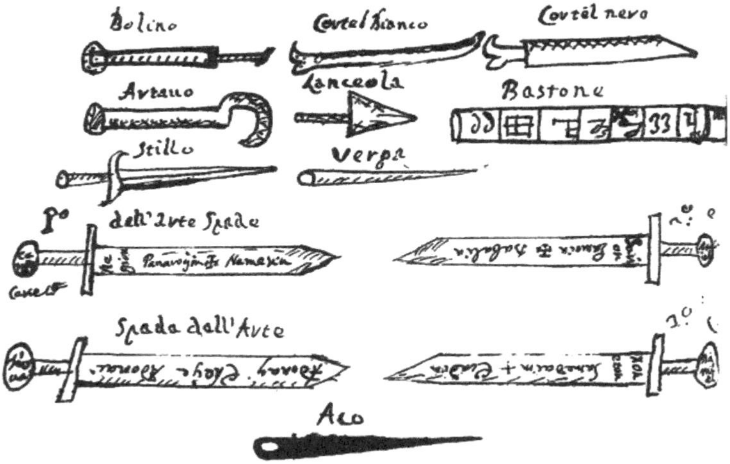

圖七十　來自《所羅門的大鑰匙》。儀式禮器大刀（artano）與小刀（bolino）位於圖像的左上角。

魔棒和魔杖

魔棒（wand）的長度比魔杖（staff）短，通常約為手掌到前臂的長度，材質大多以接骨木、黃檀木、紫檀、黑檀、白檀等木材製作，用於引導能量、施放咒語以及與靈體或元素力量溝通。在中世紀魔法中，魔棒的材質非常講究，不同的木材被賦予了不同的象徵意義和力量。

接骨木：常與死亡、重生和神祕力量相關。

紫檀和黃檀：被認為具有強大的保護和增強魔法的力量。

黑檀：與保護、驅邪和靈性力量相關。

魔杖一般較長，接近人的身高（一二〇至一八〇公分），更像是一根助於行走的手杖或權杖，象徵權威和統治或是施法者與天地力量之間的橋梁。

圖七十一　《所羅門的大鑰匙》的魔棒。

圖七十二　尤利烏斯．施諾爾．馮．卡羅斯菲爾德（Julius Schnorr von Carolsfeld）。與亞瑪力人作戰，摩西持杖祈禱。

魔棒與魔杖的綜合比較

區別	魔棒	魔杖
尺寸	較短，約手掌至前臂長度。	較長，通常超過一公尺，接近魔法師身高。
外觀與材質	選用輕盈的木材（如櫻桃木、榆木），裝飾簡單，便於攜帶。	選用堅實的木材（如橡木、檜木），製作過程繁複，常有金屬飾物。
用途	小型咒語或個人儀式。	大型儀式、召喚及畫定儀式場域。
象徵意義	個人意志的延伸。	權威與控制，魔法師的力量與地位。

行星的影響力與魔法

擇時原則

西方早期魔法常有時間搭配的特殊要求，這些要求細緻到需要天時地利的絕妙配合，以符合其背後的新柏拉圖主義價值系統，亦即天地之間萬物交織下的規則，神聖且互相共榮的生命序列。行星的影響力會對魔法效果產生重要影響，擇時原則（Astrological Timing）就是基於行星的能量影響力來選擇合適的時間進行魔法儀式。為了理解擇時原則並計算行星日和行星時，我們需要先了解「行星排列的順序」，也就是所謂的迦勒底順序。

一、迦勒底順序

迦勒底順序（Chaldean Order）主要以行星的視覺運動速度作依據，是西方占星術中一種重要的行星排序方式，廣泛應用於中世紀和文藝復興時期的占星術、神祕學及魔法，特別是在護符製作、召喚或祈禱儀式中。

行星的排列順序如下（由慢至快）：

土星→木星→火星→太陽→金星→水星→月亮

二、如何算出行星日、行星時？

行星日（Planetary Day）和行星時（Planetary Hour）源於古巴比倫的天文學，其概念與天體運行的影響有關，歷經希臘及中世紀歐洲的多重文化融合，常見於神祕學的魔法儀式，也在現代占星學中被廣泛使用，占星師們會根據行星的影響來替儀式安排絕佳的操作時間。

1. 行星日

每一週有七天，分別與古代七大行星相對應。這些行星包括：太陽、月亮、火星、水星、木星、金星和土星。

行星日	
週日（Sunday）	太陽（Sun）
週一（Monday）	月亮（Moon）
週二（Tuesday）	火星（Mars）
週三（Wednesday）	水星（Mercury）
週四（Thursday）	木星（Jupiter）
週五（Friday）	金星（Venus）
週六（Saturday）	土星（Saturn）

2. 行星時

行星時是將一個地球周轉日（二十四小時）劃分為二十四個部

分，並由七大行星來主宰每個小時。因為每個地方在不同季節的日出日落狀態都不一樣，行星時也不能直接將周轉日平均劃分成二十四個一小時來計算，有時晝長夜短，那此時白天時段的行星時就會比夜晚的行星時還要長，晝短夜長時則相反。

白天的行星時：從日出到日落之間的時間，平分為十二個小時。

夜間的行星時：從日落到次日日出之間的時間，平分為十二個小時。

每個小時由一個特定的行星主宰，行星順序依循迦勒底順序固定排列。

行星時的循環應先判斷當日的行星日，從其所主宰的行星開始計算。例如，週日（Sunday）是太陽日，所以第一個行星時由太陽主宰，接下來每個小時都將按迦勒底順序排列，依序是金星、水星、月亮、土星、木星、火星，最後又回到太陽開始第二次循環。因此，在每天的頭一個小時和第八個小時，都是由當天的主宰行星統治。

3. 行星時的計算步驟

⑴ **先確定當地的日出和日落時間：**可以查詢當地的天文曆。

⑵ **計算白天和夜晚的長度：**將日出到日落之間的時間長度平分

為十二個小時，這是白天的行星時。同樣地，將日落到次日日出之間的時間長度平分為十二個小時，這是夜晚的行星時。

(3) **夜晚的行星時：**從當天主宰的行星開始，依序分配每個小時的主宰行星。

4. 案例示範

今天是週三，主宰行星為水星，日出時間是早上六點，日落時間是下午六點。

(1) **白天的行星時：**從日出時間（早上六點）到日落時間（下午六點）分為十二個時段，每個時段一小時（具體時長取決於季節）。

第1小時：水星（主宰週三）

第2小時：月亮

第3小時：土星

第4小時：木星

第5小時：火星

第6小時：太陽

第7小時：金星

第8小時：水星（主宰週三）

第9小時：月亮

第10小時：土星

第11小時：木星

第12小時：火星

⑵ **夜晚的行星時：**從日落時間（下午六點）到次日日出時間（早上六點）分為十二個時段，每個時段一小時。承接白天行星時的順序（最後一個為火星），夜晚的第一個小時接著由太陽主宰，依次循環。

第1小時：太陽

第2小時：金星

第3小時：水星

第4小時：月亮

第5小時：土星

第6小時：木星

第7小時：火星

第8小時：太陽

第9小時：金星

第10小時：水星

第11小時：月亮

第12小時：土星

不同文化的儀式文本，對於行星時辰的定義與規範可能有所差異，儀式執行者需依循其文化脈絡來判斷行星時間。

5. **搭配工具與資源**

行星時計算器：網路上有許多工具能根據當地時間自動計算行星時。

天文曆與時辰表：可以查詢當地的日出、日落時間來自行計算。

透過這樣的方式，你可以找到最合適的時間來進行特定的魔法儀式。

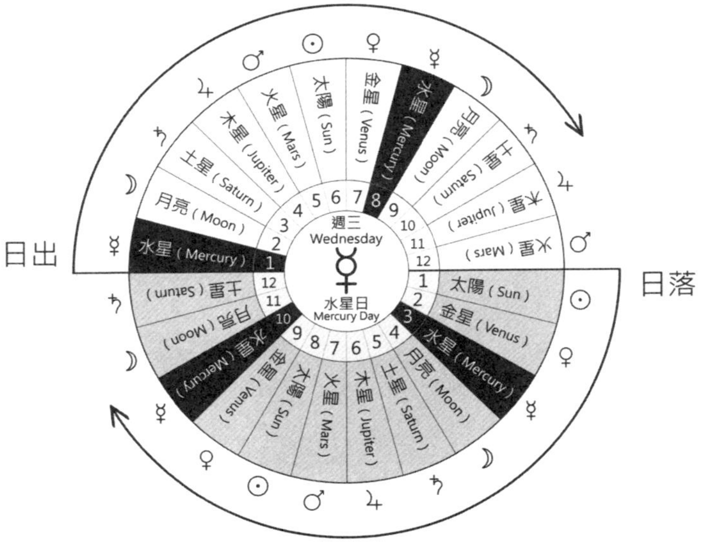

圖七十三　《擇時圖表》。

三、魔法儀式一定要擇時嗎？

在學習魔法的過程偶爾會聽到相關的辯證，比如支持擇時的魔法師認為，在特定的星相或時辰進行儀式，能夠增強其效果。希臘化埃及的莎草紙魔法卷，以及中世紀的魔法書都提到精確的時辰安排，這些古老的文本強調特定時間的神聖性，是千百年來眾多魔法師的經驗累積，相當值得參考。擇時可以選擇如月相、季節的變化等自然節奏作協調，使魔法工作更加符合大自然的能量流動。

然而隨著時代演變，有些魔法師可能不再那麼強調擇時，認為魔法的力量在於個人的意志與能量，不必依賴外在的時辰或星相，過度強調擇時可能導致魔法師變得過於依賴自然節奏，不敢在「非理想時刻」進行儀式，這限制了他們的行動自由，無法即興應對現實需求。節奏緊湊的現代生活也讓魔法師難以等待特定時間，為了適應生活，他們不再擇時進行魔法儀式，認為即使如此效果也不會顯著降低。

不論你是否支持擇時，讓儀式避開「糟糕的時間」，可能比選擇一個「完美的時間」更為重要。

沒有擇時的儀式仍會保留其基礎效果，但若遇到特定時間的負面影響，不僅會削弱儀式效果，還可能引發「反效果」或意料之外的變化。若施法者選擇在糟糕的時間進行儀式，之後往往會發現效果不如預期，需要重複施法來補強，也會讓魔法師無形之中消耗更多的精神力來抗衡外部的負能量，導致儀式後的疲勞感加劇，甚至影響後續的修復與自我照顧。

在不適合召喚的時間進行儀式，可能會引來不受控制的能量或非預期的靈體，產生難以預測的後果。避開「糟糕的時間」不僅可以節省時間、降低意外的發生機率，還能避免重複施法對意志力和能量的消耗，提高魔法師的工作效率。

四、如何避免「糟糕的時間」？

要避免在不利的時間進行魔法儀式，通常需要考慮幾個占星學和天文學的因素。包括月空、月相和凶星的宮位等。

1. 月空（Void of Course Moon）

月空指的是月亮在運行過程中，不再與任何行星形成主要相位（如合相、四分相、對分相等），這段時間因為月亮與其他行星沒有任何連結，能量處於無效或無力的狀態，不利於展開任何新計畫或活動，若在此時期進行儀式或製作護符，可能成效不彰甚至毫無效果。

2. 占星中的凶星與宮位

某些凶星處於特定宮位或產生緊張相位時，也會被認為不利於魔法儀式，尤其是與個人星盤中的行星或事件的相位有關，我們可以考慮以下幾個關鍵因素：

凶星位置

火星：衝突、爭鬥和破壞的象徵。當火星處於與儀式相關的關鍵宮位時，要考量是否能進行儀式，尤其是涉及和諧、愛情或增長性慾的工作。

土星：代表限制、延遲和障礙。當土星處於與儀式相關的關鍵宮位時，要考量是否能進行儀式，特別是涉及與財富、愛情、健康等相關的儀式時，可能會使預期達成的事受阻。

宮位影響

第八宮（死亡與轉變）：代表死亡和祕密的宮位，在進行涉及生命、健康、愛情等儀式時，應避免月亮或凶星坐落此宮位。

第十二宮（隱藏與困難）：代表潛在敵人、隱藏問題和困難的宮位，當凶星在此宮位時，進行任何形式的冒險或召喚靈體的儀式都可能會帶來意外的麻煩。

3. 行星逆行

行星逆行（特別是水星、火星、土星的逆行）在占星學中常常被認為會造成混亂、延遲或破壞。因此，在行星逆行期間應謹慎考慮進行魔法儀式，特別是與溝通、計畫、旅行或技術相關的儀式。

4. 行星時的選擇

每一小時都有行星的主宰，因此避免在不利的行星時進行儀式也至關重要。例如：

避免在火星時進行和平或和諧的儀式，因為火星代表的是衝突和攻擊性。

避免在土星時進行任何需要快速結果的儀式，因為土星的能量會帶來延遲和限制。

五、總結：避免糟糕時間的步驟

1. **查詢月空時間：**避免在月空時段進行重要儀式。
2. **選擇合適的月相：**根據儀式的目的選擇有利的月相，避免在虧月階段進行增長性的儀式。
3. **考慮行星與宮位：**檢查凶星的宮位與相位，並避免它們落在與儀式相關的關鍵宮位。
4. **關注行星逆行：**如果是與逆行的行星有關的儀式（如溝通、行動等），應該暫緩。

排除上述這些因素，我們可以避免不利的星象影響，選擇更適合的時間來進行魔法儀式。

月相參考

月相	象徵	
新月 	象徵新開始，適合啟動新計畫或開啟新事物。	
眉月 		
上弦月 		
盈凸月 		
滿月 	能量最充盈的時期，適合強力的召喚、保護和達到巔峰的儀式。	
虧凸月 		
下弦月 	適合清理、驅逐與去除不想要的事物，但不利 於增長或吸引。	
殘月 	滿月至新月的減少階段，不適合進行任何增長 或吸引的儀式，尤其是在不利星座或凶相時。	

	用途	對應操作
	新的開始適合設立新意圖和願望，聚焦於新生、重生和創造新機會。	開始新的項目、吸引財富與愛、進行療癒。不適合任何結束或驅逐的儀式。
	能量逐漸增加，推進目標和增強力量的最佳時機。	增強個人力量、吸引更多機會，發展人際關係。
	決策和行動的時期，適合需要勇氣、突破和解決問題的咒語，推動目標進展。	克服困難、增強意志力，進行實際行動性強的咒語。
	聚焦於最後的調整和完善目標， 能量積累達到頂點，增強現有成果。	完善和加強計畫，準備成功的到來。
	魔法能量的巔峰，顯化和實現目標的最佳時刻，適合進行需要強大能量支持的魔法。	顯化夢想、療癒、保護和清理儀式。
	反思和釋放的時刻，適合進行釋放負能量、放下不需要 的事物的咒語。	釋放阻礙、解除負面情緒、進行自我反省。
	清除和結束的時刻，適合終止不良習慣和阻礙。	終止惡習、清理生活中的障礙。不適合任何吸引或增長的儀式。
	進行內省和靈性工作的階段，準備迎接新週期。	深層靈性工作、冥想和療癒。適合結束、封閉及整理，不適合增長或吸引類的儀式，特別又處在不利星座或凶相下時。

六、行星作用

文藝復興時期的自然哲學家和神祕學者視魔法為提升靈魂、開展潛能，通向宇宙智慧的門徑。行星被視為宇宙能量的中介者，是「天上」神聖力量與「人間」之間的橋樑，每顆行星皆與特定的神聖力量相聯繫，並擁有獨特的「靈性氣息」（spiritual essence）。這些氣息通過行星的能量傳達到地球上，影響個人命運、自然現象和情緒變化，與宇宙萬物間存在著深刻的對應關係（correspondences）。

特定的金屬、顏色、植物、動物和數字，也對應不同的行星，人們相信這些對應物可以「連結」行星的力量，以達到各類魔法效果，例如護符製作、召喚或保護儀式。行星象徵的力量經歷數千年的文化積澱，已成為魔法和占星術中重要的能量來源。透過對行星知識的掌握以及祈禱與冥想，施術者可以與行星力量產生共鳴，進而達到與宇宙神聖能量的和諧共處。可參考附錄：常用符號表。

魔法實作附錄

對魔法不那麼熟悉的人也能學習魔法嗎？

本書前面所提及的魔法原理，有經驗的魔法師可以當成基本知識並應用於西方的魔法儀式中，然而對於完全沒有實務經驗的新手，可以從以下的小魔法開始練習。

早期西方魔法被視為是結合哲學、神學、科學領域知識的一門學問，並非遙不可及的祕術，是人們理解並運用自然法則與其能量達成和諧的方式。對於沒有太多時間鑽研的人來說，可以學習一些簡單而有效的日常魔法，一點一滴地慢慢跟魔法產生連結，培養興趣以及求得真知的態度，都會是很好的開始。以下提供了幾種簡化過的實用魔法，對初學者來說會相對容易上手。

魔棒

魔棒與魔杖的製作方法十分繁瑣，根據早期主流版本的所羅門魔法之文本，需要挑選適合的木材，如接骨木、黃檀木或榛木等，且必須是未曾結過果實的新生樹枝。在週三日出之時水星日／水星時唸誦禱詞，祝聖使用的刀具，然後一刀劈砍而下。帶回木材後，經過複雜的削製等製作程序，在上面刻劃對應水星的符號，再放上祭壇，焚燒香薰並唸誦禱詞。整個流程最好是在（水星日／水星時）時間內完成。

到了現在，製作魔棒與魔杖的方法更加彈性，至少在本書中仍希望呈現利於新手嘗試練習的方法，以下為魔棒製作的簡化版。

一、魔棒製作：

1. 擇日製作

選擇週三製作即可，如果我們無法確定能順利取得週三修剪下來的枝條，至少製作魔棒可以安排於週三（水星日），此時製作的魔棒具有水星的特質，有利於魔法操作上的談判與溝通。

2. 靜心製作

可以挑選一個舒適的環境，藉由焚香創造出神聖的空間來削製魔棒。先以刀削去表皮，並處理木材的節點，再以砂紙磨至表面光滑，使用上會更稱手，可參考下文的香譜。

3. 祝聖

祝聖是透過特定的儀式或祈禱，使某個物品（例如魔棒／杖、劍、香料等）擁有神聖屬性和魔法能量的過程。

以下分為兩步驟完成祝聖。

⑴ 點燭祈禱

建議使用象徵純淨與神聖的白色蠟燭，且最好是無香氛蠟燭，以免與步驟 ⑵ 的焚香香氣產生衝突。

在祝聖過程中，保持專注的意圖，點燃蠟燭的同時進行祈禱，搭配唸誦禱詞：「*神聖的火焰，我祈求您驅除一切不潔與邪穢，使這個空間充滿純淨與平和的能量。願您的光芒照耀，使此魔棒（或其他物品）得以被賜予神聖的靈力，帶來智慧、保護與祝福。（以...... 神祇／天使之名），賦予此魔棒（或其他物品）力量，幫助我達成所有神聖的目標。*」並將魔棒或其他物品採順時針的方向進行繞火，緩緩繞過火焰三圈。

⑵ 焚香祈禱

選用香爐或香台，或在耐受熱度高的容器中點燃香料，靜待煙霧穩定上升，並確保場地安全。將魔棒靠近香爐或香台，保持在香煙上方，使煙霧自然升騰覆蓋魔棒。唸誦禱詞：「*這神聖的香料，已由神聖之名的召喚，願一切嗅到這香氣的生靈皆得祝福，願邪惡的靈永不得接近此魔棒（或其他物品）。*」完成祝聖。

每唸完一句禱詞，都可以稍作停頓，讓火焰的能量逐步灌注物品。也可以選擇在唸完禱詞後再進行繞火，視個人習慣和儀式需求而定。

如此一來，你已經有了一支專屬於你的魔棒，雖然這是相當簡化的版本，但是還請務必搭配前面所述的「儀式前的注意事項」，讓儀式前一天的自己飲食清淡，保持一段時間的情緒平穩。

二、魔棒用途

魔棒在儀式中能指引魔法師的意志，將能量集中到施法的目標上。魔棒是強而有力的召喚和驅逐工具，在召喚儀式中，魔法師使用魔棒來召喚特定的靈體或精靈，並保持其在受控制的狀態；魔棒上的刻文或符號，具有驅邪、守護的神聖力量，能保護魔法師免於邪靈的侵害，也可以驅逐不潔或敵對的靈體，維護儀式空間的純淨。魔棒也是施法的重要輔助工具，施法者能夠透過吟誦祈禱文，搭配魔棒指引來賦能符咒或護符。

儀式香譜：聖殿香與召善靈香

香氣在魔法的領域中扮演著重要的角色，良好的香味能夠召喚善良的靈，有助於提升情緒，還能改善環境，讓整個空間充滿祥和與正面的能量。神聖的香味能夠驅散負面的能量與情緒，為魔法儀式或日常生活創造更加舒適且神聖的氛圍，使人們感受到平靜與精神上的安慰。

一、聖殿香

1. **用途：**能提升莊嚴的氛圍，讓空間場域充滿神聖感，使儀式更加順利，以下是源自希臘羅馬時期，祭司於神殿中禱告時所使用的香，經近代調整過的配方。

2. **材料：**炭塊（約一個手掌大）、乳香脂、安息香脂、琥珀脂。

植物的魔法作用

香料	魔法用途
乳香脂	擁有淨化與保護的功能，常被用於連結神聖力量，以及祈求靈性上的保護與指引。
安息香脂	能夠舒緩心神，帶來安定與平和的氛圍，適合用於沉靜的祈禱中。
琥珀脂	象徵永恆與力量，能喚起強大的靈性能量，適合用於祈求穩定與堅定。

3. **製香步驟**

(1) **研磨並混合：**將乳香脂、安息香脂和琥珀脂，以1：1：1的比例放入研缽中，用研杵輕輕壓碎香料，再以順時針方向研磨，慢慢將其研磨成細粉。

建議使用陶瓷或石製的研缽，因為它們在研磨過程中不會與香料發生反應，能保持香料的純淨。也可選擇木製研缽，但要確保木質無異味。

在研磨過程中，可以默念祈禱文，將意圖集中於製作祝聖香料的目的，為這些香料賦予更強大的神聖能量。

⑵ **點燃炭塊：**將一枚手掌大的炭塊點燃，等待其完全燃燒，不會出現明火且能發出穩定的熱量時，炭塊將成為燃燒香料的熱源。

⑶ **撒上香粉：**當炭塊達到合適的溫度後，將混合好的香料均勻地撒在炭塊上。隨著香料的燃燒，濃郁的香氣將開始在空間中瀰漫。

當香氣開始散發，便可以開始儀式的祈禱。這些香料的組合將喚起並增強空間中的靈性力量，創造出神聖且寧靜的氛圍，提升儀式的莊嚴感。

二、召善靈香

1. **用途：**吸引善靈或保護性的靈性力量，以下是參照《所羅門的大鑰匙》，經近代調整過的配方。製作好的召聖靈香，可以直接以火點燃。

2. **材料：**乾燥垂榕（weeping fig）20公克、肉豆蔻1顆、麝香少許（以手指掐擰一小搓）、新鮮蘆薈肉50克。

3. **製香步驟：**將肉豆蔻、垂榕搗碎，加入麝香，最後再加入去皮的蘆薈果肉混合。以雙手捏成錐狀，靜置三天以上，等待香體乾燥。

生命力之水與強化魔法力量的藥草

在《神祕哲學三書》中有許多神祕配方和儀式，包含關於自然元素和藥草的使用方法，以下是以其理論為基礎加以調整，適合現代的操作版本。

一、生命力之水

1. **用途：**淨化能量，在需要額外能量時也能提供支持和力量，可用於淨身，也可用於清潔和保護空間。

2. **材料：**玻璃罐1個、岩石或水晶少許、聖約翰草（St John's wort）2小枝、香堇菜（violet）約5朵小花、薰衣草葉（lavender）約1大匙、歐洲毛樺（white birch）[2]皮少量（約1至2小片）、櫟葉[3]（oak）約5片，在陽光充足的日子開始收集植物，效果更佳。[4]

---

2 需特別注意，英文俗名white birch直翻譯的話是「白樺」，但白樺其實是中日原產的另一種植物白樺（學名*Betula platyphylla*），部分身心靈工作坊以日本白樺作為替代。

3 即橡樹，泛指所有殼斗科櫟屬植物。在歐洲常見的為夏櫟，學名*Quercus robur*。

4 若是環境條件較難取得，也可以使用乾燥的材料，有些植物台灣較為少見，也能以同的屬來替代。

植物的魔法作用

植物	魔法用途
聖約翰草	象徵光明與保護，用於驅逐惡靈、淨化空間和防護。特別在夏至使用，可製成護身符或加到火焰中增強保護效果。
香堇菜	與愛情和精神純潔相關，能增進心靈平靜與靜謐，適合愛情咒語和深層淨化。
薰衣草葉	具有放鬆、和諧和提升情感的作用，適合愛情魔法，亦有助於改善睡眠。
歐洲毛樺樹皮	象徵新生與淨化，多用於驅逐負面能量、保護家宅的安寧。
櫟葉	象徵勇氣、智慧與長壽，保護家宅並招來財運，適合放置於門口。

3. 製作步驟

⑴ **準備密封玻璃罐：**確保罐子內部乾淨無殘留物，可用溫水洗淨並晾乾。

⑵ **放入植物：**將所有藥草依比例放入罐中，並專注於淨化和保護的意圖。

⑶**注入清水：**覆蓋所有植物，並留一小段空間避免過滿。

(4) **加入岩石或水晶：**增加穩定能量。

(5) **密封罐子：**蓋好罐子並輕輕旋緊，確保完全密封以防蒸發和雜質進入。

(6) **吸收月光：**在滿月之夜，將密封的罐子放在戶外或窗台處，讓其吸收月光的能量。

(7) **過濾：**隔日打開密封罐，將水倒入另一乾淨的密封容器，並過濾掉植物和水晶。

(8) **加入防腐劑：**為了延長保存期限，可加入少量酒精（約10至20%）作為防腐用。例如，250毫升的生命力之水中加入25至50毫升伏特加或無味酒精。

(9) **重新密封保存：**將過濾後的水重新倒回密封玻璃罐中，旋緊密封並存放於陰涼處，避免陽光直射。

4. 使用方法

(1) **空間清潔：**取少量生命力之水加入噴霧瓶中，用於空間淨化。

⑵ **物品祝聖：**用棉布沾取生命力之水，擦拭物品。

⑶ **自我淨化：**適量滴於手腕或頸部，用於增強個人能量。

二、強化魔法力量的藥草

1. 飲用

⑴ **材料：**金銀花（honey syckle)

⑵ **使用方法：**據說可增強魔法力量與影響力，可取適量泡茶飲用或用來煮湯。

2. 配戴

⑴ **材料**：阿福花／水仙花（Asphodel flower）、歐洲白蠟木（ash）、天然材質的麻布袋。

阿福花／水仙花與歐洲白蠟木的組合被認為可以增強直覺能力與洞察力，阿福花／水仙花具有強大治療與保護能力，白蠟木則可增加幸運和成功的機會。可乾燥製成香囊隨身攜帶。

⑵ **製作方法：**將乾燥的阿福花和白蠟木按比例放置在一起（例如1比1），可以稍微揉碎以釋放更多香氣和能量。將混合的植物填入麻布袋中，確保袋口可以牢固地綁緊。在封袋時專

注於增強直覺、洞察力及吸引幸運與成功的意圖。

3. **使用方法**

月亮日時使用：在月亮日（週一）製作。月亮能量可增強直覺力，適合進行靈性提升的魔法。

隨身攜帶：將香囊隨身攜帶於口袋或包包中，有助於增強洞察力、直覺以及吸引幸運與成功的機會。

放置枕頭下：在需要更深入的直覺或靈感指引時，將香囊放置於枕頭下，讓植物的能量幫助您入眠，增強夢境中的指引效果。

灑水淨化與淨化的香草水

灑水淨化是能簡單快速淨化儀式場域的古老方法，協助清除任何不利的能量，確保儀式的效果純粹且穩定，此外，也能淨化身體與儀式道具。灑水淨化需分別製作灑水花草束與灑水容器，也要先整理出一塊乾淨的桌面。以下作法是參照民間流傳的魔法後，調整為簡易的版本提供參考。

1. **材料：**牛膝草（Hyssopus）1枝條、馬鞭草（verbena）1枝

條、薰衣草（lavender）1枝條、迷迭香（rosemary）1枝條、裝水的碗或杯子、白色線材、少許鹽。

植物的魔法作用

植物	魔法用途
牛膝草	牛膝草在魔法中經常被用來淨化空間、物品和身體，並驅逐負能量或不祥之物。常用於祈禱和淨化儀式。
馬鞭草	馬鞭草有驅除負面能量的作用，常用於保護和祝福儀式，可增強自身的保護力。
薰衣草	除了安神，也有保護的效果，能夠防止靈性上的不良干擾。
迷迭香	迷迭香與提升記憶力、增強思考清晰度有關，有助於冥想，也是強效的淨化植物，能夠清除空間和個人周圍的負能量。

2. 製作方法：

灑水花草束：將牛膝草、馬鞭草、薰衣草與迷迭香組合成一束，用白色的線材在花草束底部的位置綑綁固定，纏繞線材的同時反覆唸禱著：「*我以純白無垢的線，將你們的力量匯聚，請驅除所有不潔淨之物。*」

綑綁完後，便完成了灑水花草束的製作，放置於桌面最左側。

灑水器：用容器盛裝乾淨的水約七分滿，放置於桌面中央，接著在桌面右側焚香（可參考本篇所述的聖殿香）。感受香氣並想像空間氛圍逐漸變亮，接著再將鹽巴分成三搓撒入水中，同時依次唸誦三遍：「*透過這純淨的鹽，所有惡意與阻礙將被驅逐。*」灑水器便製作完成。

圖七十六　淨化儀式道具擺放位置示意圖。

3. **使用方法：**備妥兩樣關鍵道具後，就能開始做出淨化儀式。

將灑水花草束浸置於灑水容器中，取出花草束後在空中揮灑即可。灑水前可以誦讀祈禱文或淨化咒語，藉此為水賦予神聖之力。

可參考以下的淨化咒語：「*願這水之淨化力量，洗滌一切汙穢。*」

⑴ **淨化空間：**可採逆時針繞行在場域的四個角落灑水，有助於涵蓋整個空間，驅除負面的能量。在灑水過程中集中意念，保持專注的意圖，想像水帶走所有負面能量，並讓場域充滿清新的氣息。

⑵ **淨化物件：**灑水於物件（如魔法工具、護身符、石頭或儀式用具）上。過程中，想像水的力量洗淨物件，清除可能附著的負面能量，同時賦予物件全新的能量。

⑶ **淨化身軀：**灑水於人身上通常是淨化身心的過程，用於提升精神、集中注意力，驅除疲憊或負面情緒。被淨化的人可以選擇站立或坐著，輕闔雙眼，放鬆身心。將水灑在他們的額頭、肩膀、手心、腳背等部位，象徵性地涵蓋全身。同時默念咒語，例如：「*願此水洗滌你，帶走一切不潔之氣。*」灑水時，想像負面能量隨著水滴離開體內，讓清新的氣息覆蓋全身。

避邪香囊

可以選擇在週六（土星日）的日出或日落時段來製作避邪香囊，土星日特別適合進行驅邪和保護的儀式。準備材料時將材料放置在桌面上，集中精神，專注於製作避邪香囊的意圖。

1. **材料**：鹽約20公克、丁香（clove）約10公克、沒藥（myrrh）約10公克、黑色布袋1個、黑色的線1綑、土星符。

2. **製作方法**

(1) 繪製土星符：

挑選一小片紙張或布料來繪製土星的符號（可選擇土星的行星符號或其他土星相關的魔法符號）。在繪製過程中，專注於土星的保護力量，可以默念祈禱詞或咒語來增強符號的力量。圖七十五為改良過的阿格里帕土星符。

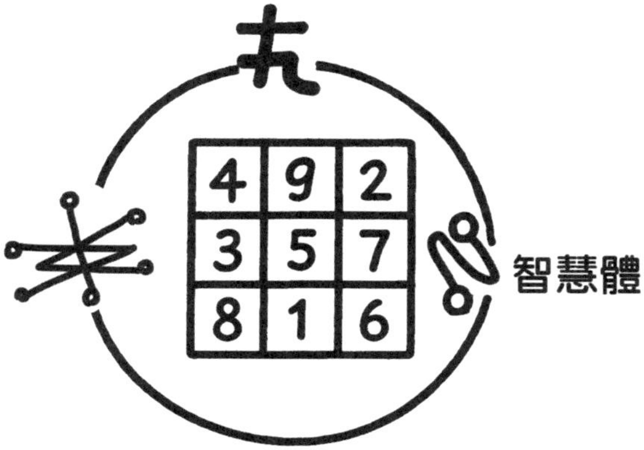

圖七十五　土星符繪製。

⑵ 組合香料與鹽

將象徵清除和保護的鹽放入黑色布袋，接著加入丁香和沒藥，它們的香氣與靈性力量有助於驅除邪氣。最後放入繪製好的土星符，集中意念，想像土星的力量進入香囊中，形成一道保護屏障。

⑶ 封袋並祝禱

所有材料都放進黑色布袋後，可以用黑色的線將袋口綑綁或縫合，使其不會輕易散落出材料即可。將香囊握在手中，默念：「*願此香囊帶來保護，驅除一切不祥，讓我身心平安。*」想像香囊釋放出強大的能量，守護著周圍的空間。

製作好的避邪香囊可以隨身攜帶，或放置在家中隱祕的地方，以達到持久（約三個月）的保護效果。當避邪香囊使用一段時間後，需要處置它時，為了尊重儀式帶來的守護，可以將香囊拆開，取出鹽、香料、符紙，分別參考以下方式來處理。

⑷ 歸還土地

選擇一棵樹下或寧靜的自然場所，將鹽、香料埋入土中。這樣做可以象徵將其吸收的負能量歸還大地，讓大地分解並淨化它。

⑸ 焚燒淨化

在安全的火盆或香爐中焚燒符紙與布袋，火焰能夠淨化並釋放其所吸收的負能量。

完成後清洗雙手，象徵自身不再帶有任何殘餘能量。

給魔法新手的學習建議

本書來到第三章，仍有許多未能詳說之處，無法在幾萬字內完整交代關於魔法的種種細節。因此想透過以下幾點建議，給魔法的新手提供未來的學習方向，這些建議都是我個人學習魔法的過程中，影響至深的重要關鍵。希望在學習魔法的道路上，我們能不斷成長、相互砥礪。

一、每次儀式前後的記錄心得 —— 專屬自己的魔法日記

選擇一本自己喜歡的空白筆記本，或以自己喜歡的形式記錄下感受覺察與理解，是學習魔法、進入魔法之路的重要開端。

1. 感受

感受是當下即時性的直接體驗，不帶任何分析或思考。它是一種本能的反應，透過身體和五官與環境互動。例如，感受到一陣微風吹過皮膚時的溫度變化，或聽到樹葉的沙沙聲。幫助人們建立對當下環境的第一印象，這是理解能量或情境的基礎。

2. 覺察

覺察比感受更為深入，它指的是帶著專注的心態，清楚地關注自己和周圍的細節，並保持不批判的態度。例如，覺察到微風吹

過時，除了感受涼意，還會注意到風的方向、強度，以及它所帶來的整體氛圍。甚至進一步注意到，微風讓自己的心情變得平靜或清新，同時觀察這種情緒變化的起源。

3. 理解

理解指的是將感受和覺察所得的資訊內化，並轉化為對自己或世界的洞見，包含了將經驗轉化為有意義的智慧。

二、學習基礎的象徵系統／加強象徵意義的解讀與連結

魔法的知識系統中充滿了象徵意義。花點時間學習這些常用的魔法象徵，了解它們的意義，例如四大元素（火、土、水、風）、七大行星、顏色和常見植物、石頭的象徵等，這將有助於更靈活地運用它們。

挑選一些常見的象徵物，如月亮、樹葉、火、水等，每天花幾分鐘思考這些物品在魔法中的意涵，聯想它們是如何影響個人的內在感受和力量。提高對象徵意義的敏感度，學會將這些符號與自己實際的生活情境作連結，有助於將來更靈活地運用這些象徵物。

三、系統性學習魔法歷史

魔法的歷史蘊含了古代的智慧和經驗，透過學習魔法史可以理解不同時期的魔法思想、方法和象徵體系。每天或每週選定一個時間段，學習某一個時期的魔法歷史或重要人物，例如古希臘、羅馬

魔法、中世紀的煉金術師等。記錄每個時期的魔法信仰、儀式以及象徵的轉變。掌握魔法歷史的發展脈絡，能幫助新手更全面地理解魔法的根基和變遷，為靈性學習奠定基礎。更重要的是，對這些知識的理解可以幫助新手避免掉許多靈性詐欺、詭異的去脈絡化又胡亂縫合的魔法課程。

四、掌握簡單的淨化方法

無論要進行何種魔法儀式，淨化都是當中最重要的環節，它能協助清除負面能量，保持空間和個人能量的純淨，也是每個魔法師的都應該掌握的基本能力。

Chapter

4

透過魔法，
成為自己

如何成為一名魔法師？

其實只要「想成為魔法師」就可以了！

綜觀魔法歷史，從古希臘、埃及、中世紀的歐洲到近代，魔法的技藝和思想深受各時代的文化背景和哲學影響，有著深厚的文化脈絡。許多古老儀式的操作，需要魔法師對天體運行、草藥性質、甚至是神聖象徵有一定程度的理解，對於新進入魔法領域的學習者來說，理解這些文化背景，能避免過度簡化造成的誤解，建立一個更全面且扎實的基礎。

除了上述這些知識之外，成為一名理想的魔法師應具備的基本條件包含：

精神與毅力：付出大量的時間訓練集中注意力，不斷努力磨練出強大的意志力，才能有效施展魔法並掌控其力量。

靈活的思維和想像力：運用自己的想像力創造獨特的魔法。

對自然環境的敏銳感知：魔法源於自然，魔法師需要對自然環境的變化，培養出敏銳的感知和觀察能力。

這些條件不僅是學習魔法的基礎，也是魔法師能成功運用其所學知識的重要前提。

西方魔法的成功關鍵

早期魔法（文藝復興時期）

成功關鍵因素	說明
神聖空間的準備	劃出魔法圈、清淨空間、點燃香或使用神聖植物以驅逐邪靈，保護施術者不受干擾。
符號與護符	使用神聖符號、護符及幾何圖形，須在特定時間和環境下製作，能增強儀式的效果。
儀式時間的選擇	根據儀式時間，行星位置將影響儀式的成功與否，特定時間能增強特定力量。
信仰與心態	施術者的信念與意志力可加強意圖，確信自身能力並避免懷疑，以增強儀式的力量。
淨化與準備	儀式前進行身心淨化，保持純淨意念，有時需禁食、禁慾和祈禱，如此便能與神聖力量更加契合。
使用適當的儀式工具	儀式所需工具（如刀、杯、香、咒文、油等）依照嚴格指導準備，以確保步驟的精確性。
聲音與語言的運用	使用古語念誦咒語能增強施術效果，如拉丁語、希伯來語，皆可喚起神聖力量。
行星與自然元素的協助	使用四元素和行星影響力，選擇合適的材料和空間，以加強自然力量的作用。

近期魔法（約過去五十年）

成功關鍵因素	說明
意圖的設定	設定清晰的目標，確保施術者聚焦於具體的達成結果，從而增強操作效果。
個人化與創意	根據個人需求和風格設計儀式，強調靈活性和創意，使操作更具個性化。
心理學的影響	融入心理學概念，理解情緒和潛意識，增強自我療癒和心靈成長效果。
日常物品的應用	使用蠟燭、植物、香氛等日常物品，讓魔法操作更親和、更容易實踐。
反思與記錄	記錄儀式過程和結果，幫助檢視和改進操作，提升魔法效果。
社群支持與知識交流	透過社群分享經驗和知識，增強技術並獲得支持，促進魔法操作的改良。
環境的影響與能量敏感度	注重儀式環境的布置，敏銳感知能量流動，以提升儀式的有效性。
冥想與集中訓練	通過冥想和集中訓練提升專注度和內在平靜，確保施術者保持穩定的意志力。

從後現代主義談「回到主體」

近代魔法的操作精神不再依賴制度性的傳統權威，「去中心化」的解放過程百家爭鳴，更加強調個體的主體性，透過靈性來探索內在的自由價值，尋求真實的自我意志。如同泰勒瑪系統所提到的「真實意志」，強調內在價值，擺脫社會角色的束縛，讓個體回歸到自我掌控的範疇，以一種「真我」為中心的方式生活，卻也容易踏入後現代主義的迷茫之中。

後現代主義讓傳統的絕對價值土崩瓦解飽受質疑，多元的意識形態取而代之，當魔法、靈性與個人意志都成了相對的概念、自我選擇的集合體，不再是統一的體系，「真實自我」和「真實意志」也能根據當下需求隨意變動，無數的可能性將導致意志的碎片化。強烈的不確定性和不穩定感，將使意志失去固定參照點、缺乏固定信仰的個體不再追求一個終極目標，無法長期堅持在同一個靈性系統下實踐，會不斷地從一種靈性系統轉向另一種系統，形成「靈性漂移」的現象。加上靈性市場的崛起，靈性也不再是純粹的自我探索，無數商業化的工具和技術，如靈性工作坊、心靈療癒、占星解讀等，帶來了更多消費靈性商品的機會，最終陷入永無止境的靈性消費循環，逐漸遠離個體自我探索的初衷。

值得注意的是，在後現代主義影響下的靈性發展中，這種靈性追尋的迷失非但沒有完全脫離生命政治，反倒構成了新的生命政治形式[1]。個體對自身身心健康的掌控看似是自主的選擇，其實也是自我監控，不斷追求更高的靈性狀態，反映了現代社會對「完美自我」的無形要求。

學習魔法要跨越很多虛構文本及過分去脈絡化的系統所帶來的干擾，比如新時代靈性「身心靈」概念的氾濫，讓許多人誤以為魔法只是光與愛的塑造或顯化。其實我們可以思考，若魔法僅需帶著意圖便能向宇宙許願，不用承擔及考量背後的脈絡與後果，那魔法恐將會是變相的臣服及願力競逐，輕而易舉地將自身的責任推諉於宇宙。

1　推薦閱讀文獻：新時代靈性場域研究台灣身心靈工作者的探索，洪梓源，2018。

後記

學習魔法之後，作為行動者，我們何以為我們

為什麼魔法至今歷久不衰？

人類自古以來便將魔法用作趨吉避凶、預測未來的方法之一，各種時空背景的文化皆展現了不同形式的魔法面貌。即使在資訊發達、教育水準提升、生活步調快速，享受科技進步之便的現代社會中，這項需求也從未減少過。許多科學與客觀知識無法回答的問題，例如生命的意義、死亡的本質，都是探索真理的源頭，使魔法成為探討靈性與超自然力量的精神寄託。

魔法是一種文化體驗，將個人與社會的集體記憶連結，反映不同生命階段的內在。

有人在的地方就有魔法，魔法源於人性深處的渴望。

早期的神祕學，以各種符號、儀式和象徵作媒介，展現乘載宇宙運行的祕密，揭示與天地萬物共處之道。從古埃及、希臘到中世紀的傳承，進而延續至文藝復興的自然哲學再到啟蒙時期的發展演變，追溯西方魔法史的深邃脈絡，我們能得知早期人們是如何理解

自然、宇宙與生命的奧祕。

近代魔法的流派百花齊放，身心靈運動的崛起為人們提供了探索靈性與內心的管道，但缺乏歷史根基與學術支撐的片面解讀與誤用，也是屢見不鮮。因此，我們需要在學習魔法與實踐的過程中保持清醒，理解「身心靈」與傳統「魔法」之間的差異，並且持續反思個人與集體行動的真實意義，並思索我們該如何行動。學習魔法不是為了逃避現實，而是對生命有著更清楚的認知、善待自然環境和理解彼此的依存關係。我們反覆思索和諧的關係是否能促進整體的平衡，尋求能反映現世的價值，是魔法的真義之一。

我們在日常生活的細節中，隨處可見象徵意義的運用，將抽象轉化為具體效果，每天的行動、語言、甚至是儀式，都蘊含著象徵的力量。學習魔法將隨時提醒我們，我們不再只是被動的觀察者，還是意識的行動者，不僅要關注行動本身，更要理解其代表的意義。這種角色轉換，意味著我們能以更敏銳的目光去理解或感受事件，在日常選擇中承擔起理解與運用這些象徵的責任。探尋西方神祕學從古至今的發展脈絡，體會那些歷久不衰的古老象徵和儀式力量，如何在現代再續輝煌。我們能從這些象徵背後的哲學觀念裡，感受到亙古通今的共鳴，一種關於宇宙、自然和人類自身的深刻理解。我們可以反思學習魔法後，自身作為行動者的意涵：我們為了什麼而行動？我們如何在生活中實踐所學，如何為平凡之事重新賦予神聖的意涵？

慾望在魔法儀式中的形象嬗變

中世紀初至文藝復興末期的魔法實務需要格外地謹慎對待，若不夠自律或尊重其神聖性，後果可能難以承擔，有些魔法書甚至記載了慾壑難填招致反噬的案例。施術者在施法過程中若無法抑制自身的慾望，便可能遭受反噬，心智受損甚至失去生命；而更多的魔法書則有普同性的規約，以潔淨、敬畏和謹慎的語氣提醒施術者應保持節制、誠懇和謙卑，避免過多的慾望帶來危險，特別是在接觸靈體或神聖力量時，需要更嚴格遵循神聖的規則。

在環境貧瘠、物質條件不富裕的時代，生存充滿了太多不確定性的挑戰，人們會轉而尋求更高權威的指引（一神教在此背景下的權威性尤為強烈）。魔法儀式和規範能幫助他們在動盪不安的生活中找到支撐，感受到秩序與意圖的力量，成為對抗無常世界的心靈寄託。這些規範和戒律對現代人而言，或許帶著更多神祕或荒誕的色彩，但它們也側面反映出當時的現實狀況與精神需求。

到了現代，曾被人們深惡痛絕的慾望有了新的詮釋。在現代神祕學和心理學的視角中，慾望被視為個人成長和探索內在的一部分，對自身慾望的理解和表達也不再受宗教或道德所束縛。現代魔法順應了這種趨勢，開始提倡與自身慾望和解，並將其轉化為積極的創造力量。心理學的興起（特別是榮格心理學）帶動了對無意識和慾望的探索熱潮，現代神祕學常將慾望解釋為通往無意識或原始本能的一扇門，這些慾望和內在衝動被視為揭示自我潛力、探索內心陰影的關鍵之力。魔法儀式成為與內心深處慾望對話的途徑，目的是促進自我整合，而非單純的道德約束。

截長補短、兼容並蓄的現代魔法師

現代魔法師應尊重魔法的歷史脈絡，學習傳統魔法的歷史背景、理解其核心價值和技術原理，從中吸取智慧並加以化用。這包括藥草知識、煉金術、卡巴拉、赫密士主義、占星術等。深入理解魔法的結構，可以建立穩固的知識基礎，使自己的實踐有憑有據，避免憑空捏造或斷章取義。

跨領域學習

現代魔法師獲取資訊的管道便捷且多元，結合社會學、人類學、考古學和歷史學等學科的知識，能拓展視野、加深對自身實踐的理解，還能洞察魔法在人類文化和歷史中的位置。社會學的研究能讓魔法師了解不同時代和地區對魔法的看法，在一神教的威權背景下魔法如何轉變為隱祕的知識，或在現代的靈性運動中如何被賦予新的意義。人類學尤其注重對全球各地文化的理解和比較，能幫助魔法師辨識魔法實踐在不同文化中的表現形式，例如巫術、薩滿儀式、護符使用等。人類學家如瑪格莉特．米德（Margaret Mead）與克勞德．李維史陀（Claude Lévi-Strauss）對巫術的研究，揭示了魔法在不同文化中是如何成為人們面對未知、治癒和解釋世界的工具。

考古學藉由挖掘和分析古代遺物，展示了人類對神祕和超自然力量的崇拜，例如，出土的護符、占卜工具、祭壇和墓葬遺址。這些出土遺物提供了豐富的資料，能幫助現代魔法師理解古代魔法的象徵符號和儀式構造、復興古代技術，甚至對古人如何利用物質來加強意圖、溝通靈界或祈求保護有更明確具體的掌握，進而有意識地在現代魔法儀式中借鑒古老智慧。

歷史學能訓練魔法師綜觀魔法在不同政權統治和宗教力量下的發展。例如，魔法在中世紀歐洲被視為異端深受教會打壓，但在文藝復興時期卻因科學和哲學的興起再度重回舞台。透過歷史學的宏觀視角，能清楚地看見魔法的地位如何隨著政權、宗教和知識體系的變化而動盪，並從中得到啟示。幫助魔法師理解不同社會環境對魔法的接受程度，提醒魔法師如何在多元的現代社會中定位自己的實踐，以及如何以包容謙遜的心態融入現代社會。

加強文化敏感度

跨領域的學習會使魔法師接觸到更多不同文化的傳統和禁忌，加深對這些資訊的敏感度能避免冒犯其他文化的神聖性。抱持著尊重的心態，反思自身的信念和實踐在不同歷史文化背景中的意義。從學術的角度理解魔法，學會辨別不同魔法實踐的來源、目的和適用性，培養批判性思維，避免盲目迷信。

善用科技之力

現代魔法師能借助網路平台來擴大學習資源，參與全球性的魔法和靈性社群，交流知識和經驗。使用便捷的魔法工具，如數位星盤進行占星分析、設計儀式音樂播放清單來創造氛圍等。

最後，魔法與精神性的關聯，涉及對人們內在非物質層面的探索。這些非物質議題不僅關乎個體的外在行為與世界互動，更深層地觸及了人「最深處的自我」（the deepest part of self）。這裡所指的精神性亦非僅止於靜態的自我反省，與關係性有著緊密的連結，是個人與自然、宇宙或更高層次存在，通過不同樣態的「關聯」（connectedness）與「意義」（meaning）所累積的生命經驗。

符號所傳達的精神性可以超越語言，其意涵反射出個人的感知與脈絡經驗，有利於人們自我覺察、自我觀照。以理解、謙遜的心看待周遭事物，則能逐步反思自身關懷他人，自我精進、熱愛生命，提升美感經驗、培養創造性思維與批判的能力。個體經由魔法得以象徵性的方式，向內探索並與自己內在深層的「自我」聯繫，進而拓展其對生活、周遭存在、甚至整體宇宙的理解。

若是問：「學習魔法之後，作為行動者，我們何以為我們 ？」

現階段我的回應是：對自己誠實，敬重萬物。」

願萬物生息，四季更迭，智慧同在，

能見陰影中的裂縫有斑彩，能見樹蔭中的枝枒有精靈。

願過往回憶現於微風拂過的溪流，清澈見底，每顆石子都透現光輝。

願勇氣如朝陽升起，照亮未知前路，即使道路崎嶇，亦能無懼向前。

願吾人能如繁星相映，照耀彼端，即便微小亦能為黑暗帶來微光。

致謝

首先，我要特別感謝本書的編輯周佳薇女士，有她的努力策劃，本書才能順利付梓。也謝謝好人出版社專業工作者們的共同協助。

感謝我的文字工作夥伴，黃亭雅女士，她在文字方面的協助提升了本書的可讀性。

感謝台大哲學博士洪偉先生與中正大學哲學博士黃頌竹先生，謝謝他們的細心審閱，為本書西方早期哲學的相關內容予以專業的意見。

感謝劉文祺先生的專業支援，協助我順利找到關鍵的文本與手稿。

感謝前輩研究者的不吝分享，尤其是灰叔，讓我在學習神祕學上少走歧路。

感謝符諍、邵華清、蘇耕衛、陳民峰等諸多神祕學愛好者，與他們交流讓我深受激勵與啟發，希冀他們能持續嶄露豐碩的研究成果。

感謝相信我能寫出深入淺出的魔法書，給予無限情感支持、鼓勵與協助的人。

感謝的人事物多不勝數，參與本書製作的工作夥伴與朋友們，謝謝你們的信任與期待。

謝謝一切機緣。

謝謝閱讀本書的你。

寓言盒子 詹文貞

2024／冬季／台灣嘉義縣大林鎮

常用魔法符號表

七大行星對應金屬、天使與惡魔

行星	行星符號	象徵	用途	顏色	
太陽 Sun	☉	生命力、自信、健康、光明	提升自信、治療與成功	金色	
月亮 Moon	☽	情感、夢境、直覺	情感治療、夢境探索	白色、銀色	
水星 Mercury	☿	智慧、溝通、靈活性	學習和溝通、增強心智能量	灰色	
金星 Venus	♀	愛情、和諧、美麗	愛情魔法、情感增進	綠色、粉色	
火星 Mars	♂	勇氣、力量、行動力	增強勇氣和行動力、防護儀式	紅色	
木星 Jupiter	♃	擴展、繁榮、幸運	財富增長、增強信心、促進繁榮	藍色	
土星 Saturn	♄	限制、結束、智慧、耐力	驅邪、結界、防護	黑色	

	金屬	煉金術涵義	天使	惡魔
	金 Gold	完美、光明、精神純化	米迦勒 Michael מיכִאָלֵ	彼列 Belial בלְיַעִלַ
	銀 Silver	靈魂、潛意識、直覺	加百列 Gabriel גבַרְיאלֵ	莉莉絲 Lilith לילִית
	水銀 Mercury	變化、靈活性、哲學家的靈藥	拉斐爾 Raphael רְפאָלֵ	亞得米勒 Adramelech אדַרְמַלֶךֶ
	銅 Copper	愛、美、和諧	阿納艾爾 Anael ענֶאָלֵ	阿斯摩太 Asmodeus אַשְׁמְדְאָי 亞斯她錄Astaroth עשתרות
	鐵 Iron	力量、行動、戰鬥	薩邁爾 Samael סמַאָלֵ	薩邁爾（同時具天使與惡魔身份） Samael סמַאָלֵ
	錫 Tin	擴展、繁榮、知識	撒得基爾 Zadkiel צדַקְיאלֵ	瑪門 Mammon ממָון 巴力西卜 Beelzebub בעַלַ זבְוב
	鉛 Lead	死亡、重生、最初的基礎物質	卡西爾 Cassiel קפַצְיאלֵ	摩洛克Moloch מלךֶ 巴風特Baphomet בפֶומטֶ

其他行星符號

天王星 Uranus	⛢
海王星 Neptune	♆
冥王星 Pluto	♇
地球 Earth	⊕

四元素符號

土	🜃
水	🜄
空氣	🜁
火	🜂

渡河文字、希伯來文對應的字母

	א	*aleph*		מ	*mem*
	ב	*beth*		נ	*noun*
	ג	*gimel*		ס	*Samekh*
	ד	*dalet*		ע	*ayin*
	ה	*hé*		פ	*pé*
	ו	*vav*		צ	*Tsadé*
	ז	*Zaïn*	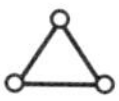	ק	*qof*
	י	*yod*		ר	*rech*
	כ	*kâf*		ש	*chine*
	ל	*lamed*		ת	*tav*

阿格里帕行星智慧／印

土星印記

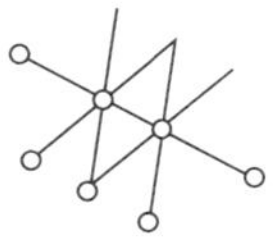

土星智慧靈

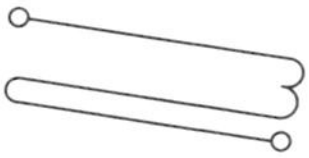

土星靈體

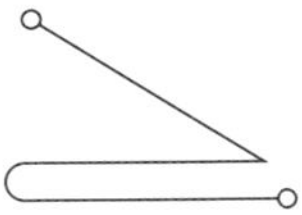

木星印記

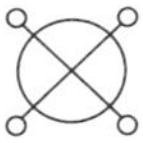

木星智慧靈

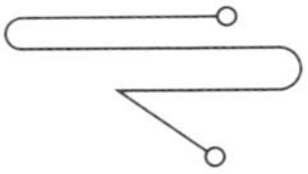

木星靈體

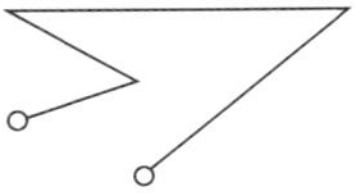

火星印記

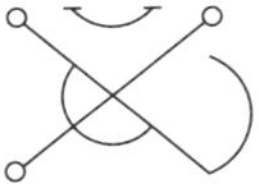

火星智慧靈

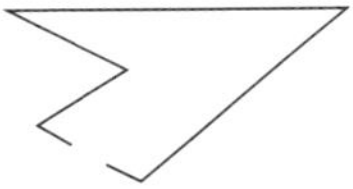

火星靈體

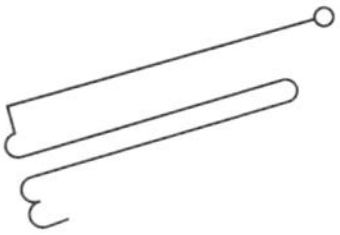

太陽印記

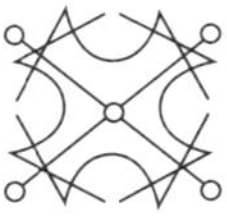

太陽智慧靈

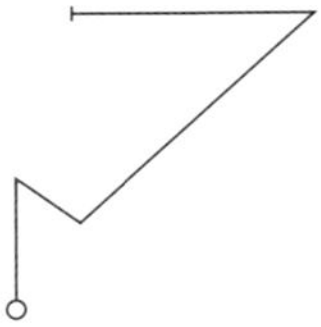

太陽靈體

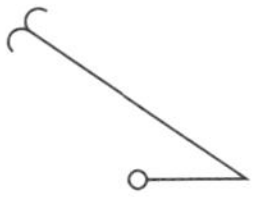

金星印記

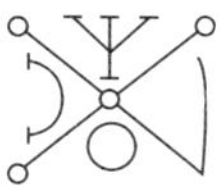

金星智慧靈

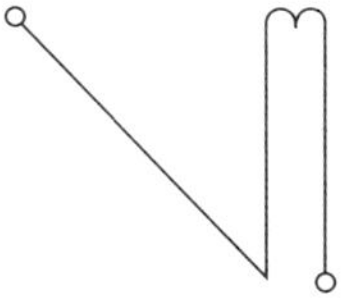

金星靈體

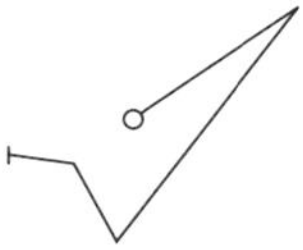

金星天使智慧靈

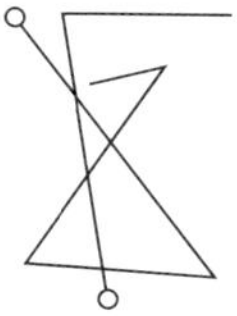

水星印記

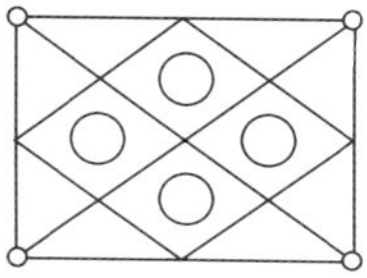

水星智慧靈

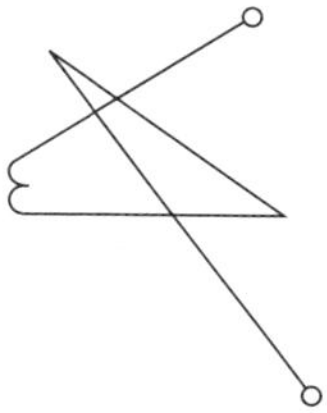

水星靈體

月亮印記

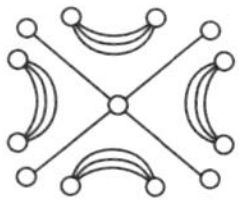

月亮智慧靈

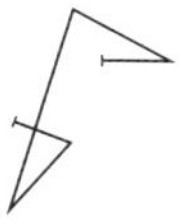

月亮靈體

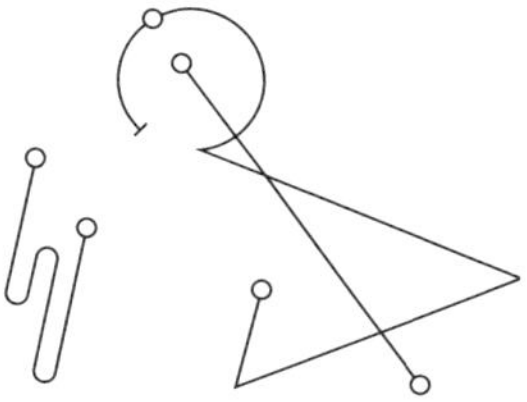

月亮天使智慧靈

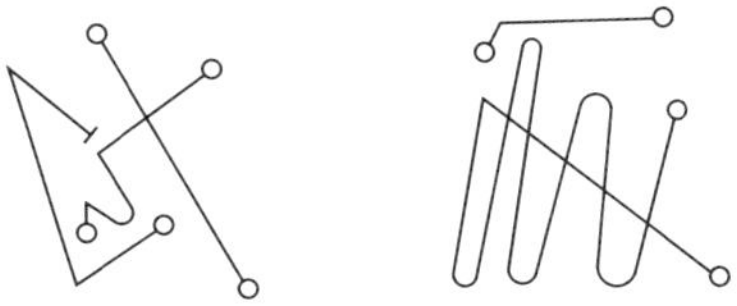

矩陣圖

4	9	2
3	5	7
8	1	6

土星矩陣

4	14	15	1
9	7	6	12
5	11	10	8
16	2	3	13

木星矩陣

6	32	3	34	35	1
7	11	27	28	8	30
19	14	16	15	23	24
18	20	22	21	17	13
25	29	10	9	26	12
36	5	33	4	2	31

太陽矩陣

8	58	59	5	4	62	63	1
49	15	14	52	53	11	10	56
41	23	22	44	45	19	18	48
32	34	35	29	28	38	39	25
40	26	27	37	36	30	31	33
17	47	46	20	21	43	42	24
9	55	54	12	13	51	50	16
64	2	3	61	60	6	7	57

水星矩陣

37	78	29	70	21	62	13	54	5
6	38	79	30	71	22	63	14	46
47	7	39	80	31	72	23	55	15
16	48	8	40	81	32	64	24	56
57	17	49	9	41	73	33	65	25
26	58	18	50	1	42	74	34	66
67	27	59	10	51	2	43	75	35
36	68	19	60	11	52	3	44	76
77	28	69	20	61	12	53	4	45

月亮矩陣

22	47	16	41	10	35	4
5	23	48	17	42	11	29
30	6	24	49	18	36	12
13	31	7	25	43	19	37
38	14	32	1	26	44	20
21	39	8	33	2	27	45
46	15	40	9	34	3	28

金星矩陣

11	24	7	20	3
4	12	25	8	16
17	5	13	21	9
10	18	1	14	22
23	6	19	2	15

火星矩陣

附錄

魔法知識小測驗

1. 斯卡輝是一位儀式魔法師，他的儀式要求在「土星日」且「土星時」進行。請問，他可能選擇的時間為何？

   (A) 星期二，日出

   (B) 星期五，日落

   (C) 星期六，日出

   (D) 星期日，日出

2. 你拜訪操作所羅門系統的魔法師洪瑋家。熱衷於收集擺飾的他特別提醒，有一件物品絕對不能打開，因為裡面封印著靈體。請問，下列選項中最可能是哪一項？

   (A) 玻璃罐

   (B) 銅壺

   (C) 木盒

   (D) 陶罐

3. 想製作「辯才無礙、談判順利，溝通無障礙」的星符，可以選用的是？

(A) 水星符

(B) 土星符

(C) 月亮符

(D) 火星符

4. 有一位惡名昭彰的魔法騙子，專門販售假道具和虛假的古典儀式用品。你如何察覺他的詐欺行為？因為你發現他所販售的商品是……

(A) 金星護符

(B) 月護符

(C) 木星護符

(D) 海王星護符

5. 下列何者指稱「猶太卡巴拉」？

(A) Kabbalah

(B) Cabalah

(C) Qabalah

(D) Xabalah

6. 哪一個魔法系統最為古老？

(A) 威卡（Wicca）

(B) 所羅門魔法系統

(C) 黃金黎明系統

(D) 希臘羅馬莎草紙魔法

7. 若要在所羅門儀式中製作一支魔杖，請問應選擇以下哪個適當的時辰？

(A) 火星日／火星時

(B) 土星日／木星時

(C) 月亮日／太陽時

(D) 水星日／水星時

8. 那位魔法騙子又出現了，這次他聲稱販售一本十四世紀的古老書籍，但你一眼就識破他的謊言。請問，原因是因為……

(A) 書中有魔法陣，那時候的魔法書沒有魔法陣

(B) 書中有希伯來文，那時候的魔法書沒有希伯來文

(C) 這是本印刷書，十四世紀的印刷術不普及，怎麼可能有印刷書

(D) 書中介紹了召喚惡魔的方法，魔法書都是純潔善良的，怎麼可能有這種邪惡的知識

9. 這張魔法陣，出自哪一本典籍？

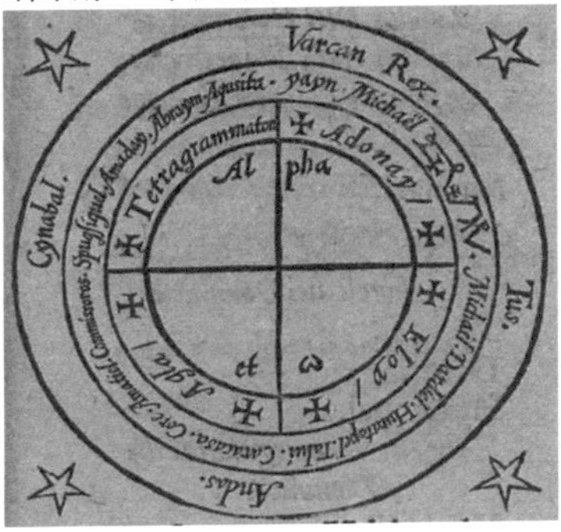

(A)《古代基督教魔法》（*Ancient Christian Magic*）

(B)《隱寫術》（*Steganographia*）

(C)《諾托利亞祈禱書》（*Ars Notoria*）

(D)《七曜書》（*Heptameron*）

10. 這張圖與下列何者有關聯？

(A) 月亮以及守護天使

(B) 太陽及守護天使

(C) 水星及守護天使

(D) 木星及守護天使

11. 下列圖表的內容應是何種主題？

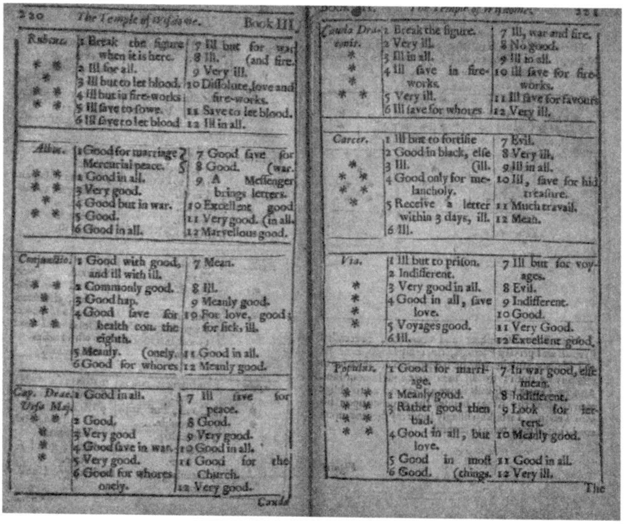

220 *The Temple of Wisdome.* Book III.

Rubeus.	1 Break the figure when it is here. 2 Ill for all. 3 Ill but to let blood. 4 Ill but in fire-works 5 Ill save to sowe. 6 Ill save to let blood	7 Ill but for war 8 Ill. (and fire. 9 Very ill. 10 Dissolute, love and fire-works. 11 Save to let blood. 12 Ill in all.
Albus.	1 Good for marriage Mercurial peace. 2 Good in all. 3 Very good. 4 Good but in war. 5 Good. 6 Good in all.	7 Good save for (war. 8 Good. 9 A Messenger brings letters. 10 Excellent good 11 Very good. (in all. 12 Marvellous good.
Conjunctio.	1 Good with good, and ill with ill. 2 Commonly good. 3 Good hap. 4 Good save for health con. the eighth. 5 Meanly. (onely. 6 Good for whores	7 Mean. 8 Ill. 9 Meanly good. 10 For love, good; for sick, ill. 11 Good in all. 12 Meanly good.
Cap. Drac. Ursa Maj.	1 Good in all. 2 Good. 3 Very good 4 Good save in war. 5 Very good. 6 Good for whores onely.	7 Ill save for peace. 8 Good. 9 Very good. 10 Good in all. 11 Good for the Church. 12 Very good.

Cauda

Book III. *The Temple of Wisdome.* 221

Cauda Draconis.	1 Break the figure. 2 Very ill. 3 Ill in all. 4 Ill save in fire-works. 5 Very ill. 6 Ill save for whores	7 Ill, war and fire. 8 No good. 9 Ill in all. 10 Ill save for fire-works. 11 Ill save for favours 12 Very ill.
Carcer.	1 Ill but to fortifie 2 Good in black, else 3 Ill. (ill. 4 Good only for melancholy. 5 Receive a letter within 3 days, ill. 6 Ill.	7 Evil. 8 Very ill. 9 Ill in all. 10 Ill, save for hid treasure. 11 Much travail. 12 Mean.
Via.	1 Ill but to prison. 2 Indifferent. 3 Very good in all. 4 Good in all, save love. 5 Voyages good. 6 Ill.	7 Ill but for voyages. 8 Evil. 9 Indifferent. 10 Good. 11 Very Good. 12 Excellent good.
Populus.	1 Good for marriage. 2 Meanly good. 3 Rather good then bad. 4 Good in all, but love. 5 Good in most 6 Good. (things.	7 In war good, else mean. 8 Indifferent. 9 Look for letters. 10 Meanly good. 11 Good in all. 12 Very ill.

The

(A) 地占卦象

(B) 花瓣占卜

(C) 點陣魔法

(D) 茶葉占卜

12. 西洋古典魔法常涉及某些思想觀念，下列何者是古典魔法「星體魔法」的核心哲學觀？

(A) 諾斯底思想

(B) 畢達哥拉斯主義

(C) 昔蘭尼主義

(D) 新柏拉圖主義

13. 一個星期有七天，哪一天有火星的意涵？

(A) 星期二

(B) 星期三

(C) 星期四

(D) 星期五

14. 筆記本中記錄行星與關鍵字的那頁被弄髒了，其中「信使、傳遞、赫密斯」應該是哪顆行星的象徵？

(A) 木星

(B) 土星

(C) 金星

(D) 水星

15. 金屬「銅」對應的行星是？

(A) 金星

(B) 木星

(C) 水星

(D) 火星

16. 在占星學中，下列何種情況普遍被認為是良好的時運？

(A) 木星進入射手宮位

(B) 木星進入魔羯宮位

(C) 木星進入天蠍宮位

(D) 木星進入獅子宮位

17.《神祕哲學三書》(*Three Books of Occult Philosophy*) 的作者為？

(A) 阿萊斯特・克勞利（Aleister Crowley）

(B) 阿格里帕・馮・內特斯海姆（Agrippa von Nettesheim）

(C) 史考特・康寧罕（Scott Cunningham）

(D) 亞瑟・愛德華・偉特（Arthur Edward Waite）

18.西方古典魔法儀式所繪的魔法圈，常見到的希臘字母符號「pha、w」有何意涵？

(A) 起始／終止

(B) 上面／下面

(C) 善良／邪惡

(D) 存在／虛無

19. 有一位近代魔法師，選擇在週五的月圓之夜點燃紅色蠟燭進行祈禱。請問，他最有可能是在祈求什麼？

(A) 創造財富

(B) 戰爭獲勝

(C) 人緣合和

(D) 康復續命

20. 耕衛是一名近代儀式魔法師，他身上配戴護符，在地上畫出2.7公尺的魔法圈，並在周圍點燃四根蠟燭。請問，他最有可能即將進行什麼樣的儀式或活動？

(A) 向主禱告

(B) 召喚靈體

(C) 進行占卜

(D) 製作道具

21. 黃金黎明協會（Hermetic Order of the Golden Dawn）對於後世的魔法社團影響深遠。下列哪一種知識系統並非其傳授的內容？

(A) 占星學

(B) 煉金術

(C) 儒學

(D) 塔羅

22. 根據克勞利（Aleister Crowley）在泰勒瑪（Thelema）體系中的核心信條，下列哪一種說法正確？

(A) 對於自然的崇拜高於一切

(B) 追隨「做汝所欲，乃為律法」（Do what thou wilt shall be the whole of the Law）

(C) 禁止個體意志的行使

(D) 每個儀式必須遵循八大節慶

23. 亦誠剛踏入靈性圈，接觸到許多新時代靈性教導，這些教導強調「宇宙的愛」與「光的顯化」，並宣稱這就是魔法的核心。他因此認為，只需懷抱善意意圖，魔法便會自然而然地發生，而無需過多考量。這種心態可能會引發哪些問題？

(A) 把自身的責任推諉於宇宙

(B) 強化自身責任感

(C) 完全掌控宇宙的意志

(D) 增加對魔法的正確理解

24. 根據後現代主義對靈性的影響，下列哪一說法正確？

(A) 靈性實踐變得統一而有序

(B) 個體對靈性的追求已脫離了生命政治的控制

(C) 靈性探索更偏向自我選擇的集合體

(D) 所有靈性活動都必須依照傳統儀式進行

25. 威卡（Wicca）的八大節慶，象徵了什麼？

(A) 自然的週期和季節轉換

(B) 個人意志的表達

(C) 每位施法者的誕辰

(D) 神祕學的階級儀式

26. 關於行星和恆星的描述，下列何者正確？

(A) 行星和恆星都經歷「出生、燃燒和死亡」的過程

(B) 行星依靠來自恆星的光線反射，而恆星則發光

(C) 行星和恆星的物理性質完全相同

(D) 行星在生命終結時會成為中子星

27. 林市是一位新手魔法師，她希望在魔法儀式中利用木星的力量，增強自己的幸運。根據所羅門魔法的指引，她應該怎麼做？

(A) 選擇適合的日期、時間、符印及材料，並在儀式中召喚木星的能量

(B) 直接呼喚木星來增強力量

(C) 選擇夜晚，並以木星的符號進行儀式

(D) 僅僅以自身意念召喚木星的能量即可

28. 根據所羅門魔法的教義，為什麼人類能夠召喚天使或靈體？

(A) 因為人類可以創造靈體

(B) 因為人類具有神性和物質性的雙重本質

(C) 因為人類可以支配宇宙中的所有事物

(D) 因為靈體必須服從所有人類的命令

29. 下列哪一種說法最能描述行星與儀式魔法的關係？

(A) 行星的影響力僅在其爆發時發揮作用

(B) 行星的能量是靜止的，僅在白天能被使用

(C) 行星的運行與特定媒材的使用，會增強魔法儀式的效果

(D) 行星無法對儀式魔法產生影響

30. 頌竹決定要在恆星爆炸的日子進行儀式，以引發宇宙中最強的能量。然而他被建議應該選擇行星的能量，而非遙遠的恆星。這樣的建議可能是基於什麼考量？

(A) 恆星能量已經消失，影響有限

(B) 恆星無法被地球上的魔法儀式使用

(C) 行星被視為活躍的能量來源，較適合持續影響的魔法儀式

(D) 行星比恆星更強大，故只能使用行星的力量

31. 魔法儀式的「程式化」有何優點？

(A) 強化每位施法者的個人風格

(B) 幫助施法者自創個人儀式語言

(C) 完全消除了儀式中的文化背景影響

(D) 提供標準化流程，便於學習和重複操作

32. 季庭想要進行一場保護自己的魔法儀式，但若沒有考慮其文化背景，僅依賴程式化的操作步驟。這樣的操作方式可能會帶來什麼結果？

(A) 增強儀式的效果，達成預期結果

(B) 使儀式達成比原文化更強的效果

(C) 確保儀式達到所有施法者的需求

(D) 使儀式無法完全發揮原文化中的效果

33. 下列哪一個例子符合「喚出」（Evocation）的定義？

(A) 施法者用符咒喚出惡魔，並要求其尋找遺失物

(B) 巫師請求神祇保護他的村莊

(C) 信徒在心中默念祈禱詞，尋求神靈的指引

(D) 巫師在靜坐時感受到神聖力量的臨在

34. 在黃金黎明協會的系統中，哪一種召喚行為最適合與外界靈體互動，並請求它們完成具體任務？

(A) 呼喚（Invocation）

(B) 吸引（Attraction）

(C) 召喚（Conjuration）

(D) 喚出（Evocation）

35. 程式化的魔法儀式能讓初學者更容易上手，但過於依賴固定的步驟可能帶來哪些風險？

(A) 使施法者忽略儀式中的文化背景和精神內涵

(B) 增強儀式的原始力量

(C) 提高魔法的成功機率

(D) 完全消除施法者的個人風格

36. 肆月剛開始學習魔法書，對《諾托利亞祈禱書》（*Ars Notoria*）特別感興趣。根據你對魔法書的了解，這本書的主要受眾與特色為何？

(A) 適合占星學愛好者，提供星象擇日術

(B) 適合修士和學者，屬於禱告類魔法書

(C) 專為異教徒編寫，強調自然力量

(D) 適合儀式魔法新手，提供基本召喚方法

37. 魔法學習時，為何強調施法者在儀式中保持清晰的內在意圖？

(A) 因為意圖決定了儀式的方向與效果

(B) 因為意圖可以減少儀式所需材料的數量

(C) 因為意圖有助於增強外部環境的能量

(D) 因為意圖使得儀式結果可被科學驗證

38. 《所羅門的大鑰匙》（*Clavicula Salomonis*）主要記載了哪類魔法操作？

(A) 占星術和命理學

(B) 驅魔和召喚儀式

(C) 煉金術的實驗

(D) 古希臘詩歌的解讀

39. 在學習魔法儀式時，理解其中特殊的語言和符號是相當重要的基礎。下列哪一種說法對這些特殊語言符號的描述最為正確？

(A) 是儀式的唯一核心，缺乏符號就無法施法

(B) 能夠直接召喚靈體而不需要其他步驟

(C) 承載了特定的能量和意圖，有助於引導儀式的力量

(D) 僅僅起到記錄儀式步驟的作用

40. 在古代希臘與羅馬的魔法中，「護符」（Amulet）和「符咒」（Talisman）有何區別？

(A) 護符用於吸引好運，符咒則用於保護

(B) 護符是被動的保護物，符咒則有特定意圖的力量

(C) 護符是隨意製作的，符咒則必須遵循嚴格的儀式

(D) 兩者沒有區別

進階題

41. 根據《希波克拉底之書》（Hippocratic Corpus）內容所述，魔法時常參與到古代的醫療行為中。下列哪一種方法最有可能代表這種現象？

(A) 祈禱求助神靈醫治疾病

(B) 召喚魔神以祛病

(C) 以祭品換取健康

(D) 使用占星術判斷病患的康復時間

42. 一位西方戰士即將上戰場，他希望能夠增強在戰鬥中的決斷力和行動力，以無畏的勇氣面對敵人。他應該向哪顆行星的能量祈禱？

(A) 太陽（Sun）

(C) 火星（Mars）

(B) 金星（Venus）

(D) 土星（Saturn）

43. 葶雅想促進家庭和諧及愛情關係的發展。根據星象特質，他應該選擇以下哪顆行星的能量，並於星期五進行儀式以獲得最佳效果？

(A) 火星（Mars）

(B) 土星（Saturn）

(C) 金星（Venus）

(D) 太陽（Sun）

44. 文藝復興時期，一位神秘學者希望藉由魔法儀式來探索靈性和情感深度，並加強直覺能力。他應該選擇以下哪顆行星的力量來增強儀式效果？

(A) 太陽（Sun）

(B) 木星（Jupiter）

(C) 月亮（Moon）

(D) 金星（Venus）

45. 中世紀的魔法書包含了許多宗教和神祕學的元素，且最有可能受到哪些文化的影響？

(A) 希臘、羅馬、埃及、古近東

(B) 印度、波斯、羅馬、非洲

(C) 印度、中國、希臘、拉丁美洲

(D) 日本、埃及、阿拉伯、西歐

46. 周佳剛開始學習魔法，對「如何根據星體運行選擇儀式時機」深感興趣，並希望尋找一本專門探討星體魔法的書籍。請問，她應該選擇哪本書進行研究？

(A)《所羅門的大鑰匙》（*Clavicula Salomonis*）

(B)《賢者之目的》（*Picatrix*）

(C)《神祕哲學三書》（*Three Books of Occult Philosophy*）

(D)《水占法》（*Hygromanteia*）

47. 以下哪一位人物屬於傳說中的巫師或魔法師？

(A) 赫密斯（Hermes）

(B) 亞里士多德（Aristotle）

(C) 梅林（Merlin）

(D) 克勞狄斯（Claudius）

48. 在西洋魔法的系統中，「四元素」指的是哪四種基本元素？

(A) 金、木、水、火

(B) 火、土、金、水

(C) 火、土、空氣、水

(D) 光、暗、火、水

49. 根據《神祕哲學三書》內容所述，紫羅蘭象徵什麼？

(A) 愛與美

(B) 靈性與和平

(C) 智慧與知識

(D) 力量與勇氣

50. 西方的魔法儀式需要選擇日期和時間，魔法師通常有較高的比例會選擇依賴以下哪種知識？

(A) 占卜學

(B) 醫學

(C) 占星術

(D) 自然科學

解答

1. (C)

詳解 在傳統占星魔法中，土星日為星期六，土星時通常在星期六的特定時段，包括日出時。

2. (B)

詳解 所羅門魔法系統中經常使用銅壺作為封印靈體的容器，銅壺上可能刻有封印符號。

3. (A)

詳解 水星象徵智慧、溝通、辯才，製作水星符有助於增強這些方面的能力。

4. (D)

詳解 早期魔法系統中並沒有「海王星」的概念，因為海王星是近代才被發現的天體，因此販售海王星護符被識破為假道具。

5. (A)

詳解 「Kabbalah」是指猶太傳統的神祕學體系，「Cabalah」是基督教色彩濃厚的卡巴拉，「Qabalah」則是指近代儀式的卡巴拉。

6. (D)

詳解

魔法系統	時期	創立背景與特點
希臘羅馬莎草紙魔法	西元前二世紀至西元五世紀	源於古埃及、希臘和羅馬文化背景，記錄於《希臘魔法莎草紙》中，包括祈禱、咒語、召喚和護符，專注於神靈和保護魔法。
所羅門魔法系統	中世紀（約十二至十六世紀）	基於所羅門王的召喚魔法，主要書籍包括《所羅門的大鑰匙》和《所羅門的小鑰匙》，融合猶太、基督教與阿拉伯魔法元素。
黃金黎明系統	西元一八八八年	英國神祕學組織「黃金黎明協會」創立，結合煉金術、卡巴拉、占星術與塔羅，成為現代儀式魔法的基礎之一。
威卡	二十世紀中期（約西元一九五〇年代）	由傑拉德．加德納推廣的現代異教魔法系統，融合自然崇拜、古代異教與儀式魔法，強調人與自然的和諧。

7. (D)

詳解 所羅門儀式的魔杖被賦予與靈體溝通的作用，製作水星符有助於增強這些方面的能力。

8. (C)

詳解 十四世紀書籍一般為手抄本，印刷技術在十五世紀才普及。

9. (D)

10. (A)

11. (A)

12. (D)

13. (A)

14. (D)

15. (A)

詳解 在西洋魔法中，金星象徵愛情、和諧及美麗，其屬性可以對應到「銅金屬」、綠色及粉色，多用來增強情感與愛情魔法的力量。

16. (A)

詳解 在占星學中，木星被視為「大吉星」，象徵擴張、幸運、繁榮和成長。木星在射手座時處於其「入廟」（domicile）位置，這是木星最強的星座位置之一，因為射手座本身由木星守護。這種配置使木星的能量能夠得到最大程度的表現，帶來積極的影響，如豐富的機會、成功、精神成長以及世界觀的擴展。

17. (B)

18. (A)

詳解 希臘字母表的「第一個」字母 α 或 A（Alpha）和「最後一個」字母 ω 或 Ω（Omega），源自聖經《啟示錄》（Revelation ），象徵上帝的全能與永恆，也常被用於表示「開始」與「結束」。

19. (C)

詳解 週五對應的是金星日（Venus Day），適合祈求愛情和人際關係。而紅色也可能與愛情魔法相關。一般來說，紅色與火星有關，象徵力量、行動力、勇氣等主動性質，這是火星的典型特徵。然而，當紅色應用在愛情魔法中，則可以引申出與愛情、激情相關的含義。因此，儘管金星的顏色通常是綠色或粉色，但紅色在愛情魔法中象徵著實踐愛情的勇氣與渴望，成為行動和情感的聯繫。

20. (B)

詳解 魔法圈與護符、蠟燭的組合，常用於靈體召喚儀式。

21. (C)

22. (B)

23. (A)

24. (C)

25. (A)

詳解 八大節慶（The Wheel of the Year）象徵自然週期和季節轉換，反映了自然界的生命週期、四季更迭以及農作的進展。威卡信仰者通過這些節日來敬拜自然的力量，並與地球的節律同步。

26. (B)

詳解 行星不會自行發光，而是依靠反射恆星（如太陽）的光線才能被看到。相對地，恆星則因其內部的核聚變反應產生能量會自行發光。

27. (A)

28. (B)

詳解 所羅門魔法認為人類因擁有神性（靈性）和物質性，能夠跨越靈界和物質界，因此有能力召喚靈體或天使。

29. (C)

30. (C)

31. (D)

32. (D)

詳解 忽視文化背景可能導致儀式中的能量無法完全流通，因為儀式中的符號和步驟通常承載特定的文化意涵。

33. (A)

詳解 「喚出」意指將靈體或能量喚到儀式場域中並交付任務，這通常是儀式魔法中的一種具體操作。

34. (D)

詳解 喚出用於召喚靈體到場，通常包括交辦具體任務，與外界靈體的互動需求吻合。

35. (A)

詳解 過於依賴步驟可能導致儀式失去靈活性，忽視儀式所需的意圖和背景意涵，從而削弱儀式的有效性。

36. (B)

詳解 《諾托利亞祈禱書》（*Ars Notoria*）是中世紀的魔法書，包含大量祈禱文和聖言，旨在提升學術成就和記憶力。這本書通常適合尋求智慧和精神進步的修士和學者。

37. (A)

詳解 在魔法實踐中，內在意圖是儀式成敗的關鍵。清晰的意圖能幫助施法者集中能量，將儀式的力量導向所期望的目標，而模糊或錯誤的意圖可能會導致不如預期的結果。

38. (B)

39. (C)

40. (B)

詳解 護符（Amulet）主要用於被動的保護，例如抵禦邪惡、驅除不祥，而符咒（Talisman）則被賦予特定意圖，例如增強力量、吸引財富等。符咒通常需要特定的製作儀式，以注入其獨特的能量。

進階題

41. (D)

詳解 在《希波克拉底之書》和古代醫療中，占星術與醫療的結合非常普遍。古代醫師常根據病人的出生星盤或特定時刻的星象來診斷病情、判斷病患的康復時間和治療進程。這種方法反映了醫療與魔法（尤其是占星術）的關係密切。

42. (C)

詳解 火星在占星學中代表力量、戰鬥力和勇氣，是戰士祈求決斷力與行動力的首選星體。火星的能量有助於提升戰鬥精神和勇敢無畏的態度。

43. (C)

詳解 金星象徵愛情、和諧與美，常用於愛情與家庭和諧相關的儀式。星期五是金星之日，因此在這一天進行儀式最適合增強其能量。

44. (C)

詳解 月亮在占星學和魔法中代表直覺、情感、靈性深度，與潛意識的連結。對於想要加強靈性和情感深度的學者而言，月亮的能量最合適。

45. (A)

46. (B)

47. (C)

詳解 以下是各選項中人物的介紹：

(A) 赫密斯（Hermes）

赫密斯是古希臘神話中的神祇，眾神的信使，掌管旅行、商業、竊盜和溝通。他也象徵靈魂的引導者，將靈魂帶往冥界。赫密斯並不是傳說中的巫師或魔法師，但因為他與智慧、交流和祕法有關，在神祕學和煉金術中經常被提及。

(B) 亞里士多德（Aristotle）

亞里士多德是古希臘的哲學家，以其對自然科學、邏輯和倫理學的深刻研究聞名。他是柏拉圖的學生，亞歷山大大帝的老師，對西方哲學有巨大影響。亞里士多德並非巫師或魔法師，而是一位純粹的哲學家和學者。

(C) 梅林（Merlin）

梅林是亞瑟王傳說中的巫師和顧問，被描述為擁有預知未來、操控魔法的能力。他是中世紀英國最著名的傳說魔法師之一，以其神祕的背景和強大的魔法而聞名。梅林是西方文學和傳說中最典型的巫師形象，因此是唯一符合本題要求的答案。

(D) 克勞狄斯（Claudius）

克勞狄斯是古羅馬的皇帝，以其政治生涯和在羅馬帝國的治理而知名。他在位期間推行多項政治和軍事改革，並非巫師或魔法師，而是一位歷史上真實存在的政治人物。

48. (C)

49. (B)

詳解 紫羅蘭（Violet）在該書中之所以被認為象徵靈性與和平，主要是因為其顏色和特質與神聖、寧靜、平衡的特性相關。

50. (C)

詳解 占星術在西方魔法中具有重要地位，經常用來選擇儀式的適當時機，特別是行星和月亮的相位與運行。

參考書目

外文書目

1. 777 and Other Qabalistic Writings of Aleister Crowley，1955，Aleister Crowley

2. A Witches' Bible: The Complete Witches' Handbook，1981，Janet Farrar & Stewart Farrar

3. Aleister Crowley and the Temptation of Politics，2014，Marco Pasi

4. Ancient Magic and Ritual Power，1995，Marvin Meyer and Paul Mirecki

5. Ancient Philosophy, Mystery, and Magic: Empedocles and Pythagorean Tradition，1995， Peter Kingsley

6. Ars Notoria: The Grimoire of Rapid Learning by Magic， 2019（Golden Hoard Press版）

7. The Art of Hoodoo Candle Magic in Rootwork, Conjure, and Spiritual Church Services，2013，Catherine Yronwode

8. Binding Words: Textual Amulets in the Middle Ages，2006，Don C. Skemer

9. Black Magic: Religion and the African American Conjuring Tradition，2003，Yvonne P. Chireau

10. The Book of the Law (Liber AL vel Legis)，1904，Aleister Crowley

11. Buckland's Complete Book of Witchcraft，2002，Buckland, Raymond，（此書有中譯版，為巴克蘭巫術全書，2024，邱俊銘譯）

12. Characters and Magic Signs in the Picatrix and Other Medieval Magic Texts，2011，Benedek Láng

13. Elements of Natural Philosophy and Mysticism in Ibn Arabi's Psychology，2019，SAGARA Yuta

14. The Equinox，1909–1913（原版共有10卷），Aleister Crowley

15. The Essential Golden Dawn: An Introduction to High Magic，2003，Chic Cicero & Sandra Tabatha Cicero

16. From Jewish Magic to Gnosticism (Studien Und Texte Zu Antike Und Christentum)，2005，Attilio Mastrocinque

17. The Goetia of Dr. Rudd-Os anjos & Demônios de Liber Malorum Spirituum Seu Goetia，2007，Stephen Skinner & David Rankine

18. The Goetia: The Lesser Key of Solomon the King，1904，Samuel Liddell MacGregor Mathers

19. The Golden Dawn: The Original Account of the Teachings, Rites, and Ceremonies of the Hermetic Order，2015 ，Israel Regardie and John Michael Greer.

20. The Greek Magical Papyri in Translation, Including the Demotic Spells，1986， Hans Dieter Betz

21. Grimoire du Pape Honorius, avec un recueil des plus rares secrets，1760（羅馬版）

22. The Grimoire Encyclopaedia，2023，David Rankine

23. Grimoires: A History of Magic Books，2009，Owen Davies

24. Hands-On Chaos Magic: Reality Manipulation through the Ovayki Current，2009，Andrieh Vitimus

25. The Herbal Alchemist's Handbook: A Grimoire of Philtres, Elixirs, Oils, Incense, and Formulas for Ritual Use，2011，Karen Harrison

26. The Intersection of Philosophy and Magic in Later Neoplatonism，2014，John F. Finamore

27. The Law of Attraction: The Basics of the Teachings of Abraham，2006，Esther and Jerry Hicks

28. The Lesser Key of Solomon-Detailing the Ceremonial Art of Commanding Spirits Both Good and Evil，2001，Joseph H. Peterson

29. Lexicon of Spiritual Powers in the Nag Hammadi 'Library' in the Light of the Texts of Ritual Power，2021，Anna Kucz

30. Liber Null & Psychonaut，1987，Peter J. Carroll

31. Living Wicca: A Further Guide for the Solitary Practitioner，1993，Scott Cunningham

32. Magic in the Ancient Greek World，2008，Derek Collins

33. Magic in Western Culture: From Antiquity to the Enlightenment，2015，Brian P. Copenhaver

34. The Magical Calendar: A Synthesis of Magical Symbolism from the Seventeenth-Century Renaissance of Medieval Occultism，2008，Adam McLean

35. The Magical Philosophy: A Study in the Hermetic Tradition，1974，Denning & Phillips

36. The Magical Treatise of Solomon Hygromanteia，2011，Ioannis Marathakis

37. The Magick of Aleister Crowley: A Handbook of the Rituals of Thelema，1993，Lon Milo DuQuette

38. The Meaning of Witchcraft，1959，Gerald Gardner

39. Mysticism and Philosophy in al-Andalus: Ibn Masarra, Ibn al-Arabi and the Isma ili Tradition，2014，Michael Ebstein

40. New Age Religion and Western Culture: Esotericism in the Mirror of Secular Thought，1996，Wouter J. Hanegraaff

41. The Pauline Art: Book III of the Lemegeton，1999（Benjamin Rowe版）

42. Plato's Natural Philosophy，2017，Thomas Kjeller Johansen

43. Prime Chaos: Adventures in Chaos Magic，1993，Phil Hine

44. The Psychonaut Field Manual: A Comic Grimoire，2016，Bluefluke

45. The Seven Spiritual Laws of Success: A Pocketbook Guide to Fulfilling Your Dreams (One Hour of Wisdom)，1994，Deepak Chopra

46. Sticks, Stones, Roots & Bones: Hoodoo, Mojo & Conjuring with Herbs，2004，Stephanie Rose Bird

47. Sworn Book of Honorius Liber - Juratus Honorii，2016，Joseph Peterson

48. Traveling with the Picatrix:cultural liminalities of science and magic，2019，Avner Ben-Zaken

49. The Triumph of the Moon: A History of Modern Pagan Witchcraft，1999，Ronald Hutton

50. Unlocked Books: Manuscripts of Learned Magic in the Medieval Libraries of Central Europe，2008，Benedek Láng

51. The Veritable Key of Solomon，2008，Stephen Skinner & David Rankine

52. The Witch Cult in Western Europe，1921，Margaret Alice Murray

53. Witchcraft Medicine: Healing Arts, Shamanic Practices, and Forbidden Plants，2003，Annabel Lee

54. 圖鑑 魔導書　歷史，2024，河出書房新社

中文書目

1. 中世紀的身體，2021，徐仕美譯

2. 符號之書：幾何、宗教、天文、私徽，歐洲經典符號造型圖解，2017，王翎譯

3. 惡魔的肖像，2023，李依珊譯

4. 新時代靈性場域研究台灣身心靈工作者的探索，2018，洪梓源

5. 儀式魔法套書，2022，邱俊銘, 羅亞琪, 邱鈺萱譯

6. 歐洲近代生活：宗教、巫術、啟蒙運動，2005，王亞平譯

7. 覺醒：東西方交會下近代西方思想文明的重生與轉變（上下冊），2022，唐澄暐譯

8. 魔法四萬年：巫術、占星與煉金術的全球史，2022，王予潤譯

圖片來源

圖一： Agrippa, Heinrich Cornelius Cornelius von Nettesheim & Johannes ab Indagine. (1533). Henrici Cornelii Agrippae ab Nettesheym a Consiliis & Archiuis Inditiarii sacrae Caesareae Maiestatis: De Occulta Philosophia [Painting]. National Library of the Czech Republic.

圖二：Jost, Heinz. (1993). Swiss Commemorative Coin 1993 CHF 20 obverse. Retrieved from Swiss Mint

圖三：CSvBibra. (2009). Detail of tomb relief of Johannes Trithemius. Originally in the Schottenkirche St. Jakob, moved to Neumünster.

圖四： Schedel, Hartmann. (1493). Porträt von Alexander von Hales. Schedelsche Weltchronik.

圖五： Heingartner, Conrad. (1468). Mashallah illumination. Used under Creative Commons Attribution-Share Alike 4.0 International (CC BY-SA 4.0). Original URL: Wikimedia Commons

圖六：Agrippa, Heinrich Cornelius. (1651). Three Books of Occult Philosophy. Retrieved from University of Rochester.

圖七： Agrippa, Heinrich Cornelius. (1538). Malachim Script, from Of Occult Philosophy, page 440.

圖八： (1561). Polygraphie et universelle écriture cabalistique. A Paris: Pour Iaques Keruer, Boston Public Library.

圖九： Solomon, King of Israel; Mathers, S. L. MacGregor; De Laurence, L. W. (1914). The Greater Key of Solomon. Harold B. Lee Library. Retrieved from Internet Archive

圖十： (800-850). Notes tironiennes. Bibliothèque nationale de France, Département des Manuscrits, Latin 190. Retrieved from Wikimedia Commons

圖十一至圖十五： Bibliothèque nationale de France (BnF). Traité des confessions. Digital collection link: BnF Archives. This image is in the public domain.

圖十六至圖二十四： Agrippa, Heinrich Cornelius. (1533). De

Occulta Philosophia [Illustrations]. Source: Internet Archive. Retrieved from Internet Archive

圖二十五：Ketabkhaneh, Islamic Consultative Assembly of Iran. Gha-yat al-Hakim. Manuscript, circa 17th century, Iran.

圖二十六：Agrippa, Heinrich Cornelius. (1533). De Occvlta Philosophia Libri Tres. Courtesy of the Library of Congress. Retrieved from Library of Congress

圖二十七：Heptameron: Elementos Mágicos [Illustration on page 24]. Attributed to Pseudo-Pietro d'Abano. Source: Internet Archive. Retrieved from Internet Archive

圖二十八：Barrett, Francis. (1801). The Magus. [Magic Circle Illustration]. Retrieved from Wikimedia Commons

圖二十九：Pentacle Illustration from Heptameron. Attributed to Pseudo-Pietro d'Abano. Public Domain. Retrieved from Wikimedia Commons

圖三十：Heptameron [Illustration on page 58]. (Ms. Codex 1679).

University of Pennsylvania Libraries. Source: Internet Archive. Retrieved from Internet Archive

圖三十一：Heptameron, or Elements of Magic, attributed to Pietro d' Abano. Manuscript image reproduced at EsotericArchives.com. Edited and hosted by Joseph H. Peterson.

圖三十二：Trithemius, Johannes. (1518). Theban alphabet illustration from Polygraphia. Public Domain. Retrieved from Wikimedia Commons

圖三十三：Agrippa, Heinrich Cornelius. (1533). Theban alphabet illustration from De Occulta Philosophia. Public Domain. Retrieved from Wikipedia

圖三十四：Barrett, Francis. (1801). Theban alphabet illustration from The Magus. Public Domain. Retrieved from Wikimedia Commons

圖三十五：Peterson, Joseph H. (Reconstructed by). Sigillum Dei Aemeth. Based on the original design by John Dee (16th century). Retrieved from macr0.com.ar

圖三十六：The Seal of God, attributed to the English School. Retrieved from meisterdrucke.ie

圖三十七、圖三十八：Barrett, Francis. (1801). The Magus, or Celestial Intelligencer [Illustrations on pages 8 and 10]. Retrieved from Internet Archive

圖三十九：Talismanic Scroll featuring the Seal of Solomon. The Metropolitan Museum of Art, Accession Number 1978.546.32r. Public Domain. Retrieved from Wikipedia

圖四十：Amulet featuring the Seal of Solomon, reverse side. The Metropolitan Museum of Art, Accession Number 1927.179.1. Public Domain. Retrieved from Wikipedia

圖四十一：Moroccan 4 Falus coin featuring the Seal of Solomon, AH 1290 (1873). Public Domain. Retrieved from Wikipedia

圖四十二、圖四十三：Pseudo-Solomon (MS.4660). (mid-18th century). Wellcome Collection. Retrieved from Wellcome Collection

圖四十四：The Key of Solomon (Sloane 3847). (1572). The British Library.

圖四十五：Pseudo-Solomon (MS. 4655). (1725). Wellcome Collection. Retrieved from Wellcome Collection

圖四十六：Pseudo-Solomon (MS.4668). (1775). Wellcome Collection. Retrieved from Wellcome Collection

圖四十七：Pseudo-Solomon (MS.4666). (mid-18th C.). Wellcome Collection. Retrieved from Wellcome Collection

圖四十八：Pseudo-Solomon (MS.4658). (mid-18th C.). Wellcome Collection. Retrieved from Wellcome Collection

圖四十九、圖五十：Treatise on Magic (Sloane 3825). (17th C.). The British Library.

圖五十一：Dawson, Henry. (1843-1869). Lea, Henry Dawson (MS. 3203). Wellcome Collection. Retrieved from Wellcome Collection

圖五十二：CLAVICULA SALOMONIS (Sloane 2731). (17th C.). The British Library.

圖五十三：CLAVICLE OF SOLOMON (Sloane 3648). (17th C.). The British Library.

圖五十四：CLAVICULA SALOMONIS (Sloane 2731). (17th C.). The British Library.

圖五十五：Rudd, Dr. (1712). Dr Rudd's Solomons Spirits (Harley MS. 6483). The British Library.

圖五十六：Bacon, Francis. (1659). Friar BACON His Discovery of the Miracles of Art, Nature, and Magick.

圖五十七：Agrippa, H. C. (1655). The Fourth Book of Occult Philosophy.

圖五十八：Hammer, P. (1725). The 1725 Hammer Edition, First Printed Version. Wikipedia. Retrieved from Wikimedia Commons

圖五十九：Marvelous Secrets and Natural Magic and Cabalistic of the Little Albert. (1668). Wikipedia. Retrieved from Wikimedia Commons

圖六十：A Hand of Glory Holding a Candle, from the 18th Century Grimoire Petit Albert. (n.d.). Wikipedia. Retrieved from Wikimedia Commons

圖六十一：Spies, J. (1587). Title Page of the Faustbuch Published by Johann Spies. Wikipedia. Retrieved from Wikimedia Commons

圖六十二：The Surprising Life and Death of Doctor John Faustus. (1740). Wikipedia. Retrieved from Wikimedia Commons

圖六十三：Gran enciclopedia galega. (n.d.). El Libro Magno de San Cipriano TESORO DEL HECHICERO. Wikipedia. Retrieved from Wikimedia Commons

圖六十四：Heydon, J. (1663). Theomagia, or the Temple of Wisdom: Spiritual, Celestial, and Elemental (Vol. 3). J.C. for R. Broom.

圖六十五：De Wit, Frederik. (1670). Celestial Map. Wikipedia. Retrieved from Wikimedia Commons

圖六十六：Rijn, R. V. (1650). Rembrandt, Faust. Wikipedia.

Retrieved from Wikipedia

圖六十七：Peterson, J. H. (2008). John Dee’ s Five Books of Mystery. Red Wheel/Weiser.

圖六十八：Rankine, D., & Skinner, S. (2010). The Goetia Of Dr. Rudd. Llewellyn Publications.

圖六十九：Wellcome Library (Ed.). (1889). The Key of Solomon the King (Clavicula Salomonis). London: George Redway.

圖七十：Bodleian Library, Aubrey MS. 24 (Ed.). (1674). Ritual Implements. Wikipedia. Retrieved from Wikimedia Commons

圖七十一：Wellcome Library (Ed.). (1889). The Key of Solomon the King (Clavicula Salomonis). London: George Redway.

圖七十二：Carolsfeld, J. S. von. (1860). Battle with the Amalekites. Wikipedia. Retrieved from Wikimedia Commons

追日逐影 05
魔法初探：跨越百年的神祕學，寓言盒子的西方魔法寶典

作　　者　寓言盒子
總 編 輯　林獻瑞
責任編輯　周佳薇
行銷企畫　呂玠忞
校　　對　周季瑩
封面設計　莊謹銘
內文排版　洪伊珊
別冊設計　李岱玲
別冊繪製　小民日子 Dayslikethis

出 版 者　好人出版 / 遠足文化事業股份有限公司
發　　行　遠足文化事業股份有限公司（讀書共和國出版集團）
新北市新店區民權路 108-2 號 9 樓
電話 02-2218-1417　傳真 02-8667-1065
電子信箱 service@bookrep.com.tw
網址 http://www.bookrep.com.tw
團體訂購請洽業務部 02-2218-1417 分機 1124
郵政劃撥　19504465　遠足文化事業股份有限公司
法律顧問　華洋法律事務所　蘇文生律師
印　　製　博創印藝文化有限公司　電話 02-8221-5966
出版日期　2025 年 6 月 25 日　定價　新台幣 500 元
ISBN　9786267591437 (平裝)、 9786267591413 (EPUB) 、
9786267591420 (PDF)

魔法初探 : 跨越百年的神祕學 , 寓言盒子的西方魔法寶典 / 寓言盒子作 . -- 初版 . -- 新北市 : 遠足文化事業股份有限公司好人出版 : 遠足文化事業股份有限公司發行 , 2025.06　面 ;　公分
ISBN 978-626-7591-43-7(平裝)
1.CST: 巫術　　295　114006773